全国中等职业技术学校汽车类专业通用教材

Qiche　Dianlu　Shitu
汽车电路识图

（第二版）

田小农　主　编
邱　斌　副主编

人民交通出版社股份有限公司
China Communications Press Co.,Ltd.

内 容 提 要

本书依据《中等职业学校专业教学标准(试行)》以及国家和交通行业相关职业标准编写而成。主要内容包括:汽车电路原理图常用符号、汽车电路图的类型与绘制原则、典型车系电路图识读方法、车辆典型系统电路图识读,共计 4 个单元。

本书供中等职业学校汽车类专业教学使用,亦可供汽车维修相关专业人员学习参考。

图书在版编目(CIP)数据

汽车电路识图 / 田小农主编. —2 版. —北京:
人民交通出版社股份有限公司,2016.8
 ISBN 978-7-114-13200-1

Ⅰ. ①汽… Ⅱ. ①田… Ⅲ. ①汽车—电气设备—电路图—识别—中等专业学校—教材 Ⅳ. ①U463.620.2

中国版本图书馆 CIP 数据核字(2016)第 161382 号

全国中等职业技术学校汽车类专业通用教材

书　　名:	汽车电路识图(第二版)
著 作 者:	田小农
责任编辑:	闫东坡
出版发行:	人民交通出版社股份有限公司
地　　址:	(100011)北京市朝阳区安定门外外馆斜街 3 号
网　　址:	http://www.ccpress.com.cn
销售电话:	(010)59757973
总 经 销:	人民交通出版社股份有限公司发行部
经　　销:	各地新华书店
印　　刷:	北京市密东印刷有限公司
开　　本:	787×1092　1/16
印　　张:	9
字　　数:	210 千
版　　次:	2005 年 10 月　第 1 版 2016 年 8 月　第 2 版
印　　次:	2021 年 1 月　第 2 版　第 3 次印刷　累计第 11 次印刷
书　　号:	ISBN 978-7-114-13200-1
定　　价:	21.00 元

(有印刷、装订质量问题的图书由本公司负责调换)

第二版前言

FOREWORD

为适应社会经济发展和汽车运用与维修专业技能型紧缺人才培养的需要，交通职业教育教学指导委员会汽车(技工)专业指导委员会于2004年陆续组织编写了汽车维修、汽车电工、汽车检测等专业技工教材、高级技工教材及技师教材，受到广大中等职业学校师生的欢迎。

随着职业教育教学改革的不断深入，中等职业学校对课程结构、课程内容及教学模式提出了更高的要求。《教育部关于深化职业教育教学改革全面提高人才培养质量的若干意见》提出："对接最新职业标准、行业标准和岗位规范，紧贴岗位实际工作过程，调整课程结构，更新课程内容，深化多种模式的课程改革"。为此，人民交通出版社股份有限公司根据教育部文件精神，在整合已出版的技工教材、高级技工教材及技师教材的基础上，依据教育部颁布的《中等职业学校汽车运用与维修专业教学标准(试行)》，组织中等职业学校汽车专业教师再版修订了全国中等职业技术学校汽车类专业通用教材。

此次再版修订的教材总结了全国技工学校、高级技工学校及技师学院多年来的汽车专业教学经验，将职业岗位所需要的知识、技能和职业素养融入汽车专业教学中，体现了中等职业教育的特色。教材特点如下：

1．"以服务发展为宗旨，以促进就业为导向"，加强文化基础教育，强化技术技能培养，符合汽车专业实用人才培养的需求；

2．教材修订符合中等职业学校学生的认知规律，注重知识的实际应用和对学生职业技能的训练，符合汽车类专业教学与培训的需要；

3．教材内容与汽车维修中级工、高级工及技师职业技能鉴定考核相吻合，便于学生毕业后适应岗位技能要求；

4．依据最新国家及行业标准，剔除第一版教材中陈旧过时的内容，教材修订量在20%以上，反映目前汽车的新知识、新技术、新工艺；

5．教材内容简洁，通俗易懂，图文并茂，易于培养学生的学习兴趣，提高学习效果。

《汽车电路识图》是汽车运用与维修专业技术基础课之一,教材主要内容包括:汽车电路原理图常用符号、汽车电路图的类型与绘制原则、典型车系电路图识读方法、车辆典型系统电路图识读,共计4个单元。

　　本书由苏州建设交通高等职业技术学校田小农、邱斌、王珊珊、孙建编写,田小农担任主编,邱斌担任副主编。编写分工为:田小农编写单元一、单元二;邱斌编写单元四中的课题一至课题四;王珊珊编写单元三中的课题一至课题四;孙建编写单元四中的课题五至课题七。

　　限于编者经历和水平,教材内容难以覆盖全国各地中等职业学校的实际情况,希望各学校在选用和推广本系列教材的同时,注重总结教学经验,及时提出修改意见和建议,以便再版修订时改正。

编　者

2016 年 3 月

目 录
CONTENTS

绪论 1
单元一　汽车电路原理图常用符号 3
　课题一　图形符号和文字符号 3
　课题二　项目代号 17
单元二　汽车电路图的类型与绘制原则 21
　课题一　原理框图 21
　课题二　电路原理图 24
　课题三　敷线图 29
　课题四　线束安装图 34
单元三　典型车系电路图识读方法 41
　课题一　丰田汽车电路图识读方法 41
　课题二　北京现代汽车电路图识读方法 47
　课题三　大众汽车电路图识读方法 53
　课题四　雪佛兰汽车电路图识读方法 57
单元四　车辆典型系统电路图识读 65
　课题一　发动机起动系统电路图识读 65
　课题二　发动机控制系统电路图识读 68
　课题三　车窗升降系统电路图识读 78
　课题四　灯光控制系统电路图识读 85
　课题五　门锁控制系统电路图识读 105
　课题六　电动刮水器电路图识读 118
　课题七　汽车空调系统控制电路图识读 124
附表　常用汽车电气缩略词语 134
参考文献 138

绪　　论

随着汽车工业的不断发展,人们对汽车各项性能的要求越来越高,因此,电子技术特别是微电脑控制技术已广泛应用于现代汽车,汽车的电子化程度越来越高,电子控制发动机、电子控制自动变速器、电子控制制动防抱死与防滑装置、电子控制悬架系统、电子控制转向系统、电子控制中央门锁和防盗系统、安全气囊等已经成为现代汽车的基本配置。

汽车电路图是检修汽车电气系统时必须参考的基本资料,能否正确识读汽车电路图,正确分析并找出其特点和规律,使其成为汽车电路故障诊断与排除的依据,已成为从事汽车维修人员迫切需要解决的问题,识读和分析汽车电路图的快慢能够反映出一个维修人员对汽车专业基础知识和专业知识的掌握程度,从而对汽车故障诊断与排除以及全面进行检修都具有非常重要的意义。

由于目前世界各汽车制造公司在电路图的绘制上风格各异,同时诸多电器、设备以及各种电子控制技术在现代汽车电气系统中的广泛应用,使得汽车电路日趋复杂,识读难度不断增大。因此,在识读汽车电路图之前,首先应对汽车电路的基本知识有所了解。

一、汽车电路的基本概念

用导线和车体把电源、过载保护器件、控制器件及用电设备等装置连接起来,形成能使电流流通的路径称为汽车电路。

二、汽车电路的基本组成

汽车电路主要由电源、过载保护器件、控制器件、用电器和导线组成。

1. 电源

汽车上的电源为蓄电池和发电机。

2. 过载保护器件

主要有熔断丝(俗称保险丝)、电路断电器及易熔线等。

3. 控制器件

(1) 传统的各种手动开关、压力开关、温控开关等。

(2) 简单的电子模块(如电子式电压调节器)。

(3) 微电脑电子控制单元(如点火模块、发动机电控单元、自动变速器电控单元等)。

4. 用电器

电动机、电磁阀、灯泡、仪表、各种电子器件、传感器等。

5. 导线

除各种不同线径的导线外,车体也起到导线的作用。

三、汽车电路的基本特点

1. 与一般电路之共性

汽车电路具有与其他电路相同的一些特性。如电器之间的基本连接方式为串联和并联；电路的基本工作状态有通路、断路和短路；电路中的元器件在图中用专门的符号加文字标注。

2. 不同于一般电路之处

汽车电路又有不同于一般电路的一些特点。

（1）两个电源，低压直流。

蓄电池和发电机，均为直流电源。汽车电源的电压通常为12V或24V。

（2）单线并联，负极搭铁。

汽车上的主要用电设备均采用并联连接，由此保证各条支路上的用电设备能够彼此独立，互不影响。而每条支路均有自己的控制器件和过载保护器件，它们与该电路中的用电设备必须采用串联连接。

所谓单线制接线方式是指所有用电设备均用一根导线相互连接，而用车架、发动机体等金属机体来代替另一根导线。目前规定所有用电设备的负极与金属机体相连（俗称搭铁），即负极搭铁。当然，有一些电气设备由于一些特殊情况仍采用双线连接。

四、本课程的主要内容及学习方法

本课程是汽车电器维修专业的一门综合性专业技能课。

1. 汽车电路原理图常用符号

熟悉和掌握汽车电路图中常用的图形符号、文字符号、项目符号的构成、含义、标注原则和使用方法，为看懂汽车电路图打好基础。

2. 汽车电路图的类型和绘制原则

熟悉不同类型的汽车电路图及其区别、特点和适用范围，掌握各种汽车电路图的绘制原则和基本的识读方法。

3. 典型汽车电路图的识读

通过国内外几种典型的车型，详细了解汽车电路图的识读步骤和方法以及各个分电路的工作原理和工作过程，举一反三，对以后识读其他各种汽车电路图将有极大的帮助。

4. 本课程的学习方法

本课程以《电工与电子技术基础》《汽车电气设备构造与维修》等教材为基础，首先应熟悉和掌握各种汽车电器的性能和作用，了解它们各自的特点和区别，这是基本要求。

汽车电路图的种类较多，而且国内外车型种类繁多，所用的表示方法也各有不同，但它们仍然具有很多共性的东西，其主要系统大同小异。因此，在学习过程中应注重对一般电路图识读方法的练习，特别是要熟悉汽车电路中的各个主要系统。

学习中应注意理论联系实际，通过实习教学过程，将电路图与电气线路实物结合、对比分析，这样可以快速提高识图技能，从而提高分析、解决实际问题的能力。

单元一
汽车电路原理图常用符号

汽车电路图是利用各种图形符号和文字符号来表示汽车电路的构成、连接关系和工作原理的一种电气简图。其构成电路图的图形符号和文字符号应具有统一的国家标准或国际标准,以使电路图具有通用性。学习汽车电路图识读,首先应熟悉汽车电路图中常用的各种图形符号、文字符号和项目代号。

课题一 图形符号和文字符号

一、图形符号

图形符号是指用于图样或其他文件中表示一个设备(项目)或概念的一种图形、标记或字符。它是绘制电气图样的工程语言,是识读电气图样的基础。图形符号包括:限定符号、一般符号、方框符号和组合符号。

1. 限定符号

限定符号是一种用来提供附加信息而加在其他符号上的符号,如图1-1所示。限定符号不能单独使用,不能表示独立的电气元件,只表明某些特征。

图1-1 限定符号示例

2. 一般符号

一般符号用来表示一类产品和此类产品特征的一种常用的简单符号,如图1-2所示。它不但能从广义上代表各类元器件,而且还可用来表示一般的、没有其他附加信息或功能的各类具体元器件,如一般的电阻器、电容器、开关等。有一些一般符号也可作限定符号。

3. 方框符号

方框符号用来表示元件、设备等的组合及其功能,既不给出元件、设备的细节,也不考虑其所有连接的一种简单的图形符号,如图1-3所示。

4. 组合符号

组合符号又称示例符号、明细符号。由一般符号、限定符号、方框符号、物理量符号和文字符号组合表示某种项目具体典型产品的图形符号。在国家标准GB/T 4728—2008《电气简图用图形符号》中所列的大部分图形符号都属这一类符号。

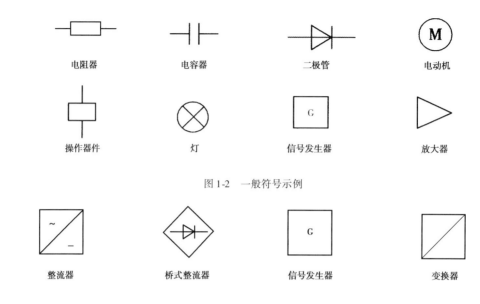

图 1-2 一般符号示例

图 1-3 方框符号示例

常用图形符号见表 1-1 ~ 表 1-7。

限定符号   表 1-1

序号	名称	图形符号	序号	名称	图形符号
1	直流	——	6	中性点	N
2	交流	∼	7	磁场	F
3	交直流	≈	8	搭铁	⊥
4	正极	+	9	交流发电机输出接线柱	B
5	负极	—	10	磁场二极管输出端	D+

导线、端子和导线的连接符号   表 1-2

序号	名称	图形符号	序号	名称	图形符号
11	接点	●	17	导线的跨越	┼
12	端子	○	18	插座的一个极	⊃
13	可拆卸的端子	⌀	19	插头的一个极	━
14	导线的连接	—○—○—	20	插头和插座	━⊃
15	导线的分支连接	┬	21	多极插头和插座（示出的为三极）	
16	导线的交叉连接	┼●			

4

续上表

序号	名称	图形符号	序号	名称	图形符号
22	接通的连接片	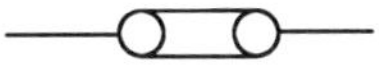	25	屏蔽(护罩)	
23	断开的连接片		26	屏蔽导线	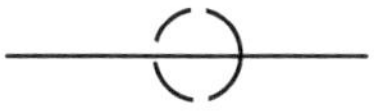
24	边界线				

触点与开关符号　　表1-3

序号	名称	图形符号	序号	名称	图形符号
27	动合(常开)触点		38	推动操作	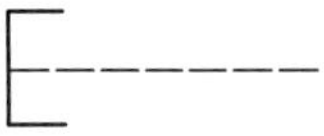
28	动断(常闭)触点		39	一般机械操作	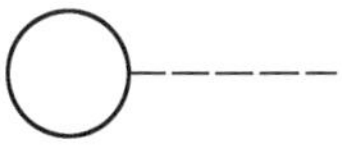
29	先断后合的触点		40	钥匙操作	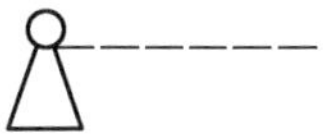
30	中间断开的双向触点		41	热执行器操作	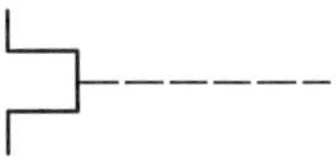
31	双动合触点		42	温度控制	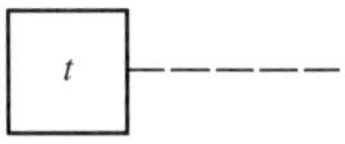 t
32	双动断触点		43	压力控制	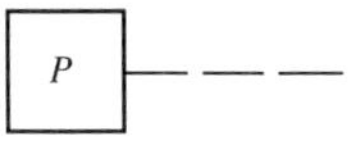 P
33	单动断双动合触点	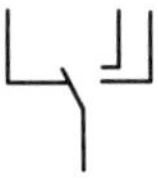	44	制动压力控制	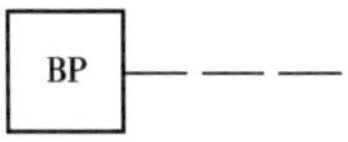 BP
34	双动断单动合触点		45	液位控制	
35	一般情况下手动控制	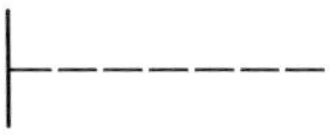	46	凸轮控制	
36	拉拔操作	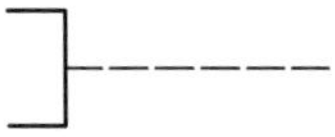	47	联动开关	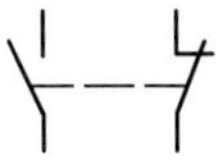
37	旋转操作	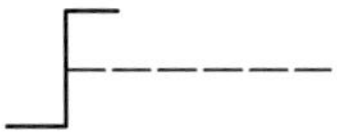	48	手动开关的一般符号	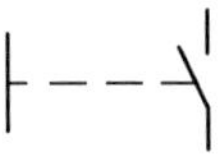

续上表

序号	名称	图形符号	序号	名称	图形符号
49	定位(非自动复位)开关	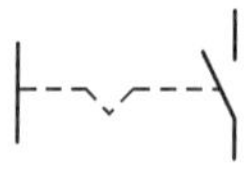	57	热敏开关动断触点	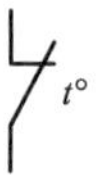
50	按钮开关	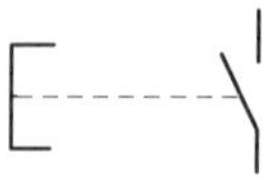	58	热敏自动开关动断触点	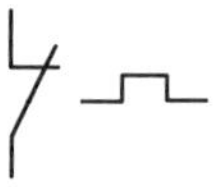
51	能定位的按钮开关	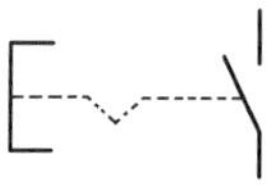	59	热继电器触点	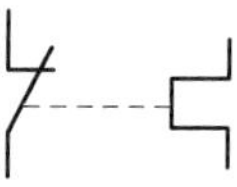
52	拉拔开关		60	旋转多挡开关位置	
53	旋转、旋钮开关	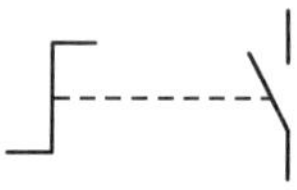	61	推拉多挡开关位置	
54	液位控制开关	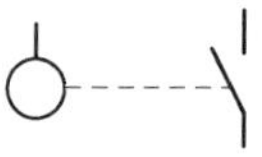	62	钥匙开关(全部定位)	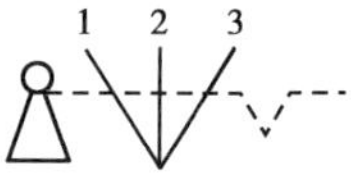
55	机油滤清器报警开关	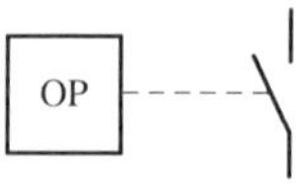 OP	63	多挡开关、点火、启动开关,瞬时位置为2能自动返回到1(即2挡不能定位)	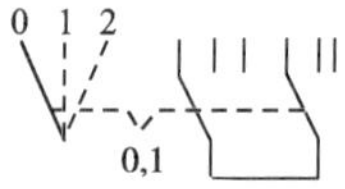
56	热敏开关动合触点		64	节流阀开关	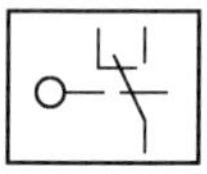

电器元件符号　　　　表1-4

序号	名称	图形符号	序号	名称	图形符号
65	电阻器	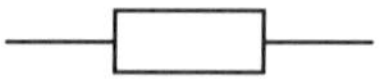	68	热敏电阻器	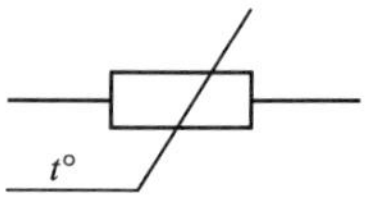
66	可变电阻器	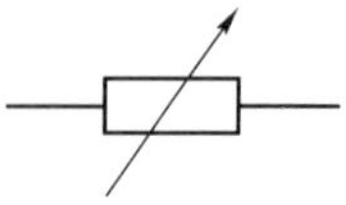	69	滑线式变阻器	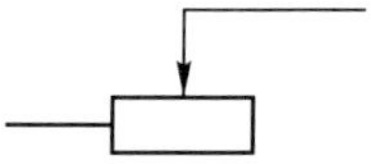
67	压敏电阻器	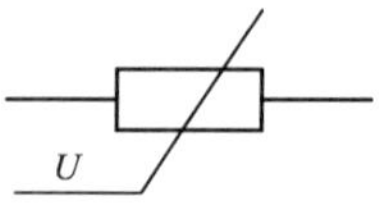	70	分路器	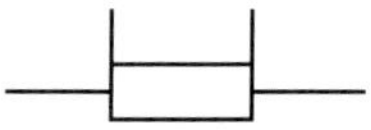

续上表

序号	名　　称	图形符号	序号	名　　称	图形符号
71	滑动触点电位器		83	三极晶体闸流管	
72	仪表照明调光电阻		84	光电二极管	
73	光敏电阻		85	PNP 型三极管	
74	加热元件、电热塞		86	集电极接管壳三极管（NPN 型）	
75	电容器		87	具有两个电极的压电晶体	
76	可变电容器		88	电感器、线圈、绕组、扼流圈	
77	极性电容器		89	带磁芯的电感器	
78	穿心电容器		90	熔断器	
79	半导体二极管一般符号		91	易熔线	
80	单向击穿二极管，电压调整二极管(稳压管)		92	电路断电器	
81	发光二极管		93	永久磁铁	
82	双向二极管(变阻二极管)		94	操作器件一般符号	

序号	名称	图形符号	序号	名称	图形符号
95	一个绕组电磁铁		98	触点常开的继电器	
96	两个绕组电磁铁		99	触点常闭的继电器	
97	不同方向绕组电磁铁				

仪表符号　　　　　　　　　　　　　　　　　　　　　　　　　　表1-5

序号	名称	图形符号	序号	名称	图形符号
100	指示仪表	∗	107	转速表	n
101	电压表	V	108	温度表	t°
102	电流表	A	109	燃油表	Q
103	电压电流表	A/V	110	车速里程表	v
104	欧姆表	Ω	111	电钟	
105	瓦特表	W	112	数字式电钟	
106	油压表	OP			

传感器符号 表1-6

序号	名　　称	图形符号	序号	名　　称	图形符号
113	传感器的一般符号	 *	120	空气流量传感器	 AF
114	温度表传感器	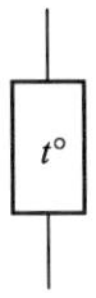 $t°$	121	氧传感器	 λ
115	空气温度传感器	 $t°_a$	122	爆震传感器	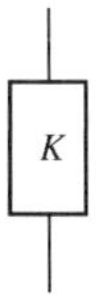 K
116	水温度传感器	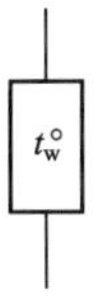 $t°_w$	123	转速传感器	 n
117	燃油表传感器	 Q	124	速度传感器	 v
118	油压表传感器	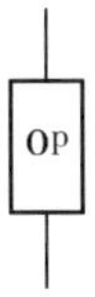 OP	125	空气压力传感器	 AP
119	空气质量传感器	 m	126	制动压力传感器	 BP

电器设备符号 表1-7

序号	名　　称	图形符号	序号	名　　称	图形符号
127	照明灯、信号灯、仪表灯、指示灯		129	荧光灯	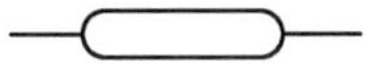
128	双丝灯	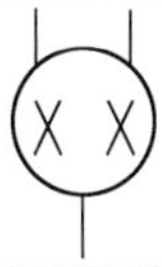	130	组合灯	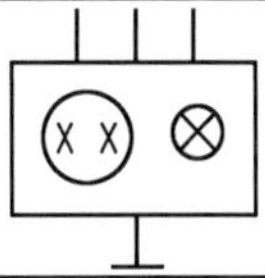

续上表

序号	名 称	图形符号	序号	名 称	图形符号
131	预热指示器		142	温度补偿器	$t°$ comp
132	电喇叭		143	电磁阀一般符号	
133	扬声器		144	常开电磁阀	
134	蜂鸣器		145	常闭电磁阀	
135	报警器、电警笛		146	电磁离合器	
136	元件、装置、功能元件		147	用电动机操纵的怠速调整装置	M
137	信号发生器	G	148	过电压保护装置	$U>$
138	脉冲发生器	G	149	过电流保护装置	$I>$
139	闪光器	G	150	加热器(除霜器)	
140	霍尔信号发生器		151	振荡器	
141	磁感应信号发生器		152	变换器、转换器	

续上表

序号	名称	图形符号	序号	名称	图形符号
153	光电发生器		165	收放机	
154	空气调节器		166	天线电话	
155	滤波器		167	传声器一般符号	
156	稳压器		168	点火线圈	
157	点烟器		169	分电器	
158	热继电器		170	火花塞	
159	间歇刮水继电器		171	电压调节器	
160	防盗报警系统		172	转速调节器	
161	天线一般符号		173	温度调节器	
162	发射机		174	串激绕组	
163	收音机		175	并激或他激绕组	
164	内部通信联络及音乐系统		176	集电环或换向器上的电刷	

续上表

序号	名 称	图形符号	序号	名 称	图形符号
177	直流电动机	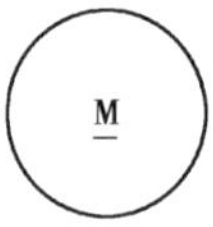	189	直流伺服电动机	
178	串激直流电动机	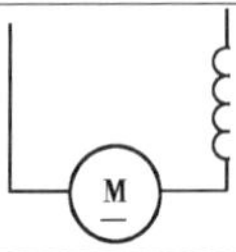	190	直流发电机	
179	并激直流电动机	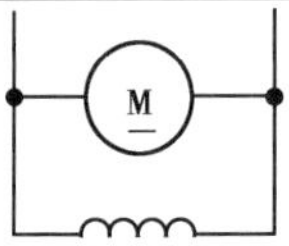	191	星形连接的三相绕组	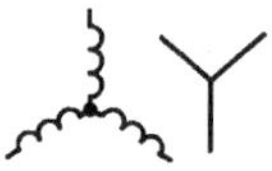
180	永磁直流电动机	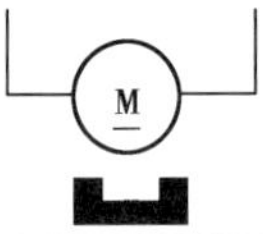	192	三角形连接的三相绕组	
181	起动机(带电磁开关)	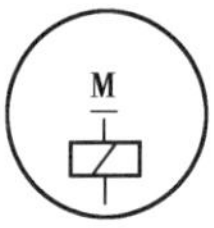	193	定子绕组为星形连接的交流发电机	
182	燃油泵电动机、洗涤电动机	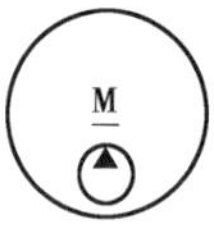	194	定子绕组为三角形连接的交流发电机	
183	晶体管电动燃油泵	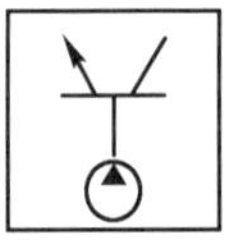	195	外接电压调节器与交流发电机	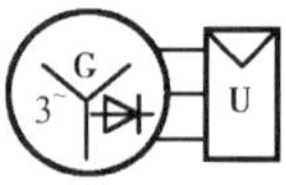
184	加热定时器	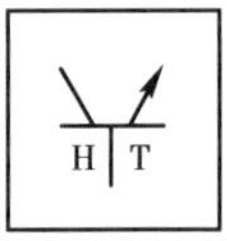	196	整体式交流发电机	
185	点火电子组件	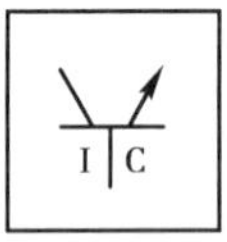	197	蓄电池	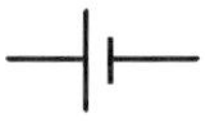
186	风扇电动机	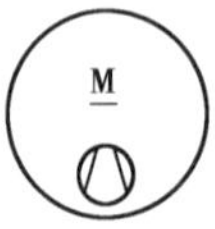	198	蓄电池组	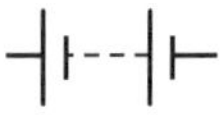
187	刮水电动机	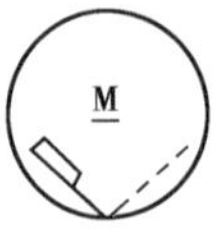	199	蓄电池传感器	
188	天线电动机	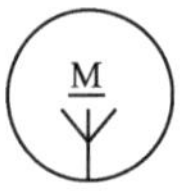	200	制动灯传感器	

12

续上表

序号	名　　称	图形符号	序号	名　　称	图形符号
201	尾灯传感器	 T	206	自记车速里程表	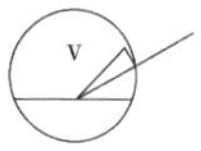
202	制动器摩擦片传感器	 F	207	带电钟自记车速里程表	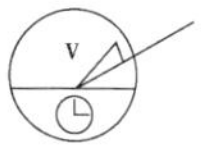
203	燃油滤清器积水传感器	 W	208	带电钟的车速里程表	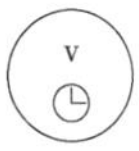
204	三丝灯泡	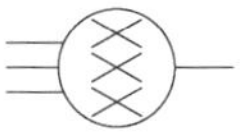	209	门窗电动机	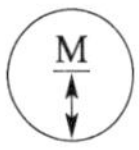 M
205	汽车底盘与吊机间电路滑环与电刷	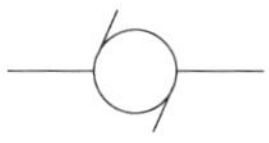	210	座椅安全带装置	

5. 图形符号的使用原则

(1) 组合、派生原则。在 GB/T 4728—2008 标准中比较完整地列出了限定符号和一般符号，但其列出的组合符号却是有限的。当某些特定装置或概念的图形符号在标准中未被列出时，可按规定通过一般符号、限定符号和组合符号进行组合或派生构成新的图形符号。

(2) 确定布置位置。图形符号一般为水平或垂直布置，但在不改变符号意义或不引起混淆的前提下，可根据图样布置的需要进行旋转（90°，180°或270°）或镜像放置，但文字和指示方向不能随之旋转。

(3) 优选、简单、同一性原则。当某些设备元件有多个图形符号时，可根据图样的详细程度选取相应的符号。一般的选择原则是：

① 首先选用优选形。
② 在满足需要的前提下，尽量选用最简单的形式。
③ 在同一份电路图中，应采用同一形式的图形符号。

(4) 引出线的位置和画法。引出线一般不作为图形符号的组成部分。在不改变符号含义的前提下，引出线的位置和画法允许变动。

(5) 常态原则。所有图形符号表示的是在无电压、无外力作用的正常状态。

(6) 大小随意原则。图形符号的大小和图线的宽度一般不影响符号的含义，可根据需要进行放大或缩小。

(7) 整体合一原则。图形符号中的文字、物理量符号等均应视为图形符号的组成部分。

二、文字符号

文字符号是一种用文字的形式来表示电气设备、装置和元器件（即项目）的种类和功能、特征、状态的字母代号或代码。通常标注在图形符号上或其近旁。文字符号包括基本文字符号和辅助文字符号。

1. 基本文字符号

基本文字符号是用来表示电气设备、装置、元器件的基本名称和特性的一种文字符号。它又分为单字母符号和双字母符号。

（1）单字母文字符号。单字母符号是按拉丁字母将各种电气设备、装置和元器件划分为二十三大类。每一大类用一个专用字母符号表示。单字母文字符号见表1-8。

单字母文字符号　　　　　　　　　　　　　　　表1-8

项目种类	字母代码	举例
组件、部件	A	分立元件放大器、磁放大器、激光器、微波激发器、印制电路板等
变换器	B	热电传感器、热电池、光电池、测功计、晶体换能器、传声器、扬声器、耳机等
电容器	C	
二进制单元、延迟器件、存储器件	D	数字集成电路和器件、延迟线、双稳态元件、单稳态元件、磁芯存储器、寄存器、磁带记录机等
杂项	E	光器件、热器件等
保护器件	F	熔断器、过电压放电器件、避雷器
发电机、电源	G	旋转发电机、旋转变频机、电池、振荡器
信号器件	H	光指示器、声指示器
继电器、接触器	K	
电感器、电抗器	L	感应线圈、线路陷波器、电抗器（并联和串联）
电动机	M	
模拟集成电路	N	运算放大器、模拟/数字混合器件
测量设备、试验设备	P	指示、记录、积算、测量设备、信号发生器、时钟
电力电路的开关	Q	断路器、隔离开关
电阻器	R	可变电阻器、电位器、变阻器、分流器、热敏电阻
控制电路的开关、选择器	S	控制开关、按钮、限制开关、选择开关、选择器
变压器	T	电压互感器、电流互感器
调制器、变换器	U	鉴频器、解调器、变频器、编码器、逆变器、变流器、电报译码器
电真空器件、半导体器件	V	电子管、气体放电管、晶体管、晶闸管、二极管
传输通道、波导、天线	W	导线、电缆、母线、波导、波导定向耦合器、偶极天线、抛物面天线
端子、插头、插座	X	插头和插座、测试塞孔、端子板、焊接端子、连接片、电缆封端和接头
电气操作的机械装置	Y	制动器、离合器、气阀
终端设备、混合变压器、滤波器、均衡器、限幅器	Z	电缆平衡网络、压缩扩展器、晶体滤波器、网络

注：①表中B(变换器)是指从非电量到电量或相反。
②字母"I"和"O"易同阿拉伯数字"1"和"0"混淆，故未被采用；另外字母"J"也未被采用。

（2）双字母文字符号。双字母文字符号是由一个表示种类的单字母符号与另一个字母组合而成。其组合方式是以单字母符号在前面而另一字母在后的形式列出。双字母文字符号常用于表述比较详细、具体的电气设备、装置和元器件的名称。常用双字母文字符号见表1-9。

常用双字母文字符号 表1-9

名　　称	字母代码	名　　称	字母代码
晶体管放大器	AD	压力变换器	BP
发热器件	EH	照明灯	EV
具有瞬时动作的限流保护器件	FA	具有延时动作的限流保护器	FR
熔断器	FU	限压保护器件	FV
同步发电机	GS	异步发电机	GA
蓄电池	GB	指示灯	HL
瞬时接触继电器	KA	电压继电器	KV
接触器	KM	同步电动机	MS
电流表	PA	时钟	PT
电压表	PV	断路器	QF
隔离开关	QS	电动机保护开关	QM
电位器	RP	热敏电阻器	RT
压敏电阻器	RV	控制开关、选择开关	SA
按钮开关	SB	液体标高传感器	SL
压力传感器	SP	位置传感器	SQ
转数传感器	SR	温度传感器	ST
电力电压器	TM	电流互感器	TA
电压互感器	TV	控制电路电源用变压器	TC
控制电路电源用整流器	VC	端子板	XT
连接片	XB	插头	XP
插座	XS	测试插孔	XJ
电磁铁	YA	电磁制动器	YB
电磁离合器	YC	电动阀	YM
电磁阀	YV	空气调节器	EV

2. 辅助文字符号

辅助文字符号用来表示电气设备、装置、元器件以及线路的功能、状态和特征。常用辅助文字符号见表1-10。

常用辅助文字符号 表1-10

名　称	符　号	名　称	符　号	名　称	符　号
电流	A	接地	E	保护搭铁与中性线共用	PEN
模拟	A	紧急	EM	不搭铁保护	PU
交流	AC	快速	F	右、反、记录	R
自动	A，AUT	反馈	FB	红色	RD
加速	ACC	正向、向前	FW	复位	R，RST
附加	ADD	绿色	GN	备用	RES

续上表

名称	符号	名称	符号	名称	符号
可调	ADJ	高	H	运转	RUN
辅助	AUX	输入	IN	信号	S
异步	ASY	增加	INC	起动	ST
制动	B,BRK	感应	IND	置位、定位	S,SET
黑色	BK	左、限制、低	L	饱和	SAT
蓝色	BL	主、中、中间线	M	步进	STE
向后	BW	手动	M,MAN	停止	STP
控制	C	中性线	N	同步	SYN
顺时针	CW	断开	OFF	温度、时间	T
逆时针	CCW	闭合	ON	无噪声(防干扰)搭铁	TE
数字、降序	D	输出	OUT	真空、速度、电压	V
直流	DC	压力、保护	P	白色	WH
减少	DEC	保护搭铁	PE	黄色	YE

3. 文字符号的作用与使用规则

(1)文字符号的作用。

作为图形符号的一部分,常为限定符号,如图1-4所示。

图1-4 文字符号作为图形符号的部分示例

作为项目种类的字母代码,如图1-5所示。图中"C"表示电容器、"R"表示电阻器、"V"表示半导体器件、"T"表示变压器、"SA"表示控制开关。

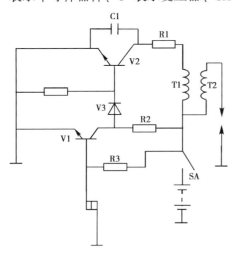

图1-5 文字符号作为项目种类的字母代码示例

作为电气技术文件和设备线路的特征、功能和状态等的代号。如"ON"表示接通,"OFF"表示断开,"RUN"表示运转等。

(2)文字符号的使用规则。

①单字母优先。优先选用单字母文字符号。只有当单字母符号不能满足要求,需要将大类进一步划分时,才采用双字母符号。

②字母数。文字符号一般不超过三个字母。

③字体格式。文字符号采用拉丁字母的正体、大写。用于编号的阿拉伯数字与拉丁字母并列,而不能作为下标。

(3)常见汽车用文字符号。

目前在汽车电路图中,除了根据相应的标准规定使用的文字符号外,还经常使用许多按照汽车特点及器件功能制定的特定文字符号。这种特定文字符号通常采用缩略语的形式表示,且不同厂家或公司采用的缩略语并不完全相同,在读图实践中应学会区别应用。常见的汽车电气缩略语见附表。

课题二 项目代号

一、项目的概念

1. 基本件

基本件是指在正常情况下不能再分解(分解后功能将受损)的一个或几个零件或元器件。它们具有最基本的功能。

2. 部件

由两个或多个基本件构成,具有可拆卸、可整个或部分替换的特点。其结构较简单且功能不完整,一般不能单独使用。

3. 组件

由若干基本件或若干部件以及若干基本件和部件组装而成。其结构比较复杂,且具有某一特定的功能,因而具有相对独立的用途。

4. 项目

在电气图中,通常把用一个图形符号表示的基本件、部件、组件、功能单元、设备、系统等统称为项目。如用一个图形符号表示的一只电阻器、一块集成电路、一台发电机一个配电系统等均可称为一个项目。项目可以泛指各类实物,即不论所指的实物大小和复杂程度如何,只要在图上用一个图形符号表示,就称为项目。

二、项目代号的组成

项目代号是一种特定的代码,用来标识图样、图表、表格及其他技术文件中的项目,它可表达项目的种类、层次关系和实际位置等信息。通常被标注在图形符号的旁边。

一个完整的项目代号由四个代号段组成,每个代号段的名称和前缀符号见表1-11。

代号段名称及前缀符号　　　　　　表1-11

分　段	名　称	前缀符号	举　例
第一段	高层代号	=	=S6
第二段	位置代号	+	+D12
第三段	种类代号	—	—C8
第四段	端子代号	:	:15

注:在实际应用中,为使图面简洁,图形符号附近的项目代号可适当简化,即简化到只要能够识别这些项目即可,且在不致引起混淆的前提下,前缀符号通常可以省略。

1. 高层代号

在电气系统或设备中,对给予代号的项目而言,任何较高层次的项目代号均称为高层代号。

2. 位置代号

用来表示项目在组件、设备、系统中实际位置的代号称为位置代号。位置代号通常由自行选定的字母、数字或字母数字的组合构成。

图1-6所示为桑塔纳轿车继电器和熔断器在中央线路板上的位置布置图。图中位置代号由数字构成且省略了前缀。

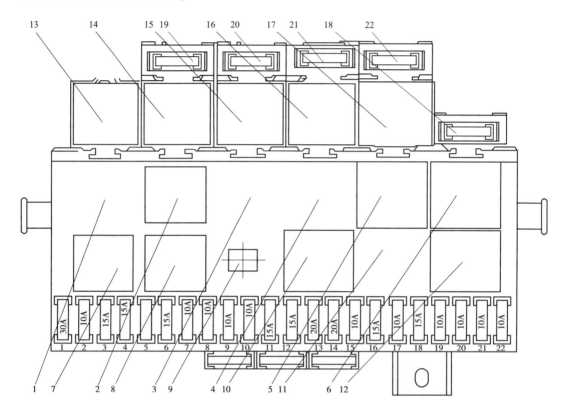

图1-6　桑塔纳轿车中央线路板正面继电器和熔断器位置布置(1~22)

3. 种类代号

用来识别项目种类的代号称为种类代号。项目种类是指将各种元器件或设备按其结构和在电路中的作用进行分类,相近的项目视为同类,用一个字母代码表示。如:二极管、三极管、晶闸管等都属于半导体器件,用字母"V"表示。

注:种类代号是项目代号的核心部分,常用以下方法表示。

(1)用字母代码和数字(序号)来表示,如图1-7所示。

(2)用顺序数字表示。应将顺序数字和它所表示的项目以列表的形式标记于图中或附于图后,如图1-8所示。

4. 端子代号

用来同外电路进行连接的导电体的代号称为端子代号,通常用来表示接线端子、插头、插座、连接片等元件上的端子。

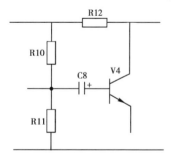

图1-7　种类代号表示方法(一)

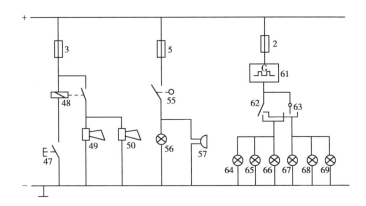

图 1-8 种类代号表示方法(二)

现代汽车上由于插接器的大量使用,因此,在汽车电路图中端子代号的应用非常多。

注意:

(1)如果项目自身无端子而又需要表示该项目的端子时,可自行设定,形式上多采用数字,也可采用大写字母表示。如图 1-9、图 1-10 所示。

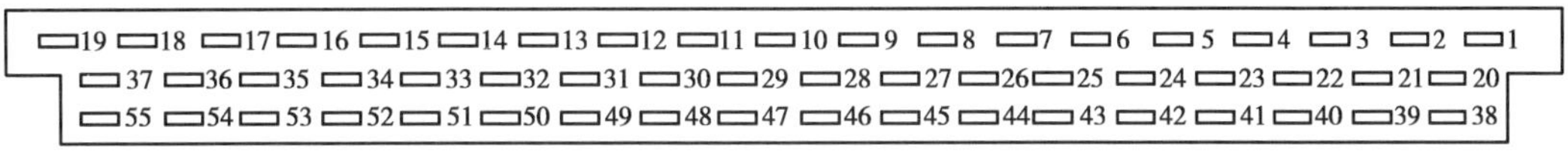

图 1-9 发动机 ECU 端子代号(数字表示)

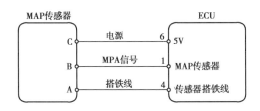

图 1-10 传感器端子代号(大写字母表示)

(2)如果项目自身已有端子标记,端子代号必须采用项目自身的端子标记。如图 1-11 所示。

三、项目代号的应用

在实际应用中,每个项目并不一定都要编制出完整的四个代号段。一个项目可以由一个代号段组成,也可以由几个代号段组成。种类代号通常可以单独表示一个项目。其他项目代号段必须与种类代号组合才能较完整的表示于项目。

(1)高层代号段与种类代号段组合。
(2)位置代号段与种类代号段组合。
(3)高层代号段、位置代号段与种类代号段组合。
(4)端子代号段与种类代号段组合。

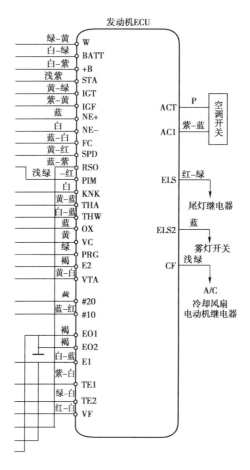

图 1-11 发动机 ECU 端子代号

单元二
汽车电路图的类型与绘制原则

汽车电路图主要用于表达汽车上各电气系统的器件组成、工作原理及电器间的连接关系，同时还可表示各电器、线束等在汽车上的具体安装位置。由于汽车电器元件的外形和结构比较复杂，因此，必须尽可能采用国家统一规定的图形符号和文字符号来表示不同种类不同规格的电器元件及其安装方式。尽管不同车型的电路图风格各异，但根据汽车电路图的不同用途和特点，可分为原理框图、电路原理图、敷线图和线束安装图等几种。

课题一 原理框图

一、原理框图的概念

原理框图是用来表示汽车电气系统、分系统、装置或各部件中各项目的基本组成及其相互关系和连接的一种简图，它可概略地描述汽车电气系统的基本组成和相互关系，主要用于了解系统、分系统的概貌及基本工作原理，可以为进一步编制详细的技术文件提供依据，同时也可为操作和维修提供参考。

二、原理框图的绘制原则

1. 符号的使用原则

原理框图通常采用方框符号或者带注释的框绘制，其中带注释的框应用较为广泛，其框内的注释可以是文字，可以是符号，也可以同时采用文字和符号，框可以是实线框，也可以是点划线框。

（1）框内注释为符号。直观、简洁，超越语言上的障碍，符号是标准的，含义确切，如图2-1所示。

（2）框内注释为文字。清楚明了，对非专业人员更易理解，如图2-2所示。

（3）框内注释为文字和符号。兼有前两种注释的优点，如图2-3所示。

图2-1 符号注释的电子点火组件

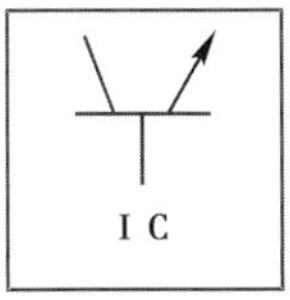

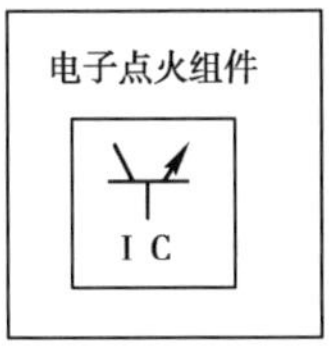

图2-3 符号和文字同时注释的电子点火组件

图2-2 文字注释的电子点火组件

以上三种注释可单独使用,也可结合使用,以表达清楚,便于理解为原则。

2. 层次划分

(1)按不同层次绘制。对于一个比较复杂的系统,通常可采用依次分解的方法来划分层次,并按不同的层次单独绘制框图,如图2-4、图2-5所示。

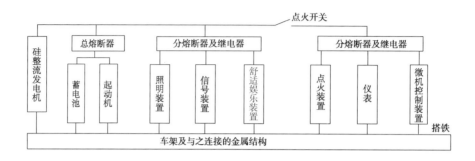

图2-4 汽车全车电气系统原理框图

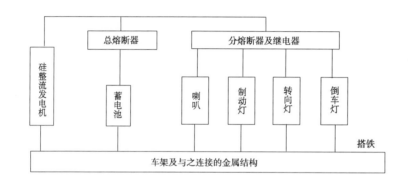

图2-5 汽车信号装置原理框图

(2)在同一张图上反映出多个层次。当一个系统的层次关系不太复杂时,可以采用框的嵌套形式来形象、直观地反映系统的层次划分,如图2-6所示。

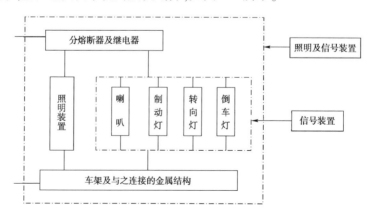

图2-6 汽车照明及信号装置原理框图

图 2-4 是汽车全车电气系统的原理框图,它由多个分系统组成,其每个分系统均可分别展开绘制出更低层次的原理框图,图 2-5 便是信号装置展开的原理框图。

可以看出,层次越高,反映的内容越多,但描述是概略的,而层次越低的框图,反映的内容是局部的,但表达的较为详细。

3. 框图的布局

原理框图通常采用功能布局法绘制,如图 2-4 所示,按控制信息流自左至右,自上而下的顺序布置,布局合理,易于识别工作过程和信息流向。

4. 项目代号的标注

在原理框图中,表示各个项目的方框符号或带注释的框,原则上均应标注项目代号,从而清楚地反映项目的层次及其从属关系,建立项目与实物之间的对应关系。项目代号一般紧靠框的上方或左上方标注。

三、原理框图的识读

原理框图是对电路作了简化的图,因此,结构简单,层次清晰,识读原理框图时,首先应熟悉常用电器的图形符号及方框符号。了解原理框图的绘制方法和特点,进而理解各功能单元电路的基本作用。

图 2-7 所示为汽车电控喷射系统原理框图,为了表明层次关系,采用了框的嵌套形式,该系统由传感器、电控单元(ECU)和执行器组成,识读时,应首先理解各功能单元电路和基本作用。

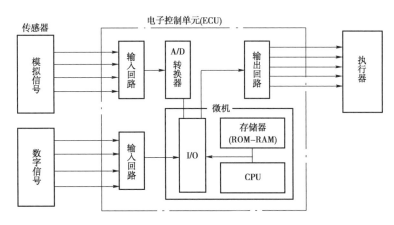

图 2-7 电控喷射系统原理框图

(1)传感器。用来监测发动机的实际工况,并将检测结果输送给 ECU,以作为运算和控制喷油量的依据,它分为模拟信号和数字信号两种。

(2)电子控制单元。是以微处理器为核心部件的电子控制装置,其作用是接收从各传感器送来的信号,经过判断、计算等处理后,向执行器发出控制信号。

(3)执行器。是电子控制系统的输出装置,它接收 ECU 传来的控制电信号并转换为机械运动从而实现控制动作。

总体来看,该原理框图概略地反映了电控喷射系统的基本组成及其功能关系,即传感器检测并输出信号到 ECU 的输入回路,其中模拟信号先经模/数转换器(A/D),将模拟信号转换为数字信号,而数字信号直接经过输入回路进入微机 I/O 接口,经 CPU 运算处理后从输出回路送往执行器,控制执行器完成控制动作。

课题二　电路原理图

一、概述

为了便于详细理解电路中各组成电器及整个电路的作用和原理,需要通过电路原理图(简称电路图)来详细表示实际设备或成套装置电路的全部基本组成和连接关系。

1. 电路图的概念

电路图是根据国家颁布的有关技术标准,用图形符号、文字符号,以统一规定的方法,把电路画在图纸上。它是电气技术中使用最广泛的一种重要的电路简图,具有电路清晰,简单明了,便于理解电路原理的特点。

汽车电路图是用电器图形符号,按工作顺序或功能布局绘制的,详细表示汽车电路的全部组成和连接关系,不考虑实际位置的简图。

2. 电路图的特点

(1) 兼顾整体与局部。既是一幅完整的全车电路图,又是一幅互相联系的局部电路图,繁简适当。

(2) 电流走向清晰。负极搭铁电位最低,用图中最下面一条导线表示;正极火线电位最高,用最上面的一条导线表示。电流方向基本上是从上到下,电流流向从电源正极→开关→用电器→搭铁→电源负极。

(3) 线路布局合理。图面简洁清晰,图形符号照顾元件外形和内部结构,尽可能减少了导线的曲折与交叉,便于联想分析,易读、易画。

(4) 相互关系明确。发电机与蓄电池间,各电路系统之间连接点尽量保持原位,熔断器、开关、仪表的接法与原图吻合。

其缺点是图形符号不规范,易各行其道,不利于交流。

3. 电路图的用途

便于详细理解表达对象的线路布置,为检测、寻找故障、排除故障提供信息,为绘制接线图提供依据。

切记!由于电路图描述的连接关系仅仅是功能关系,而不是实际的连接导线,因此,电路图不能代替敷线图。

二、电路图的绘制方法

1. 元器件的表示方法

元器件采用国家标准所规定的图形符号来表示。

国家标准中规定的图形符号均可选用。可根据标准中给出的规则,使用一般符号、基本符号来派生所需要的新符号。对于新研制的元器件,在尚无标准的图形符号之前,可采用其简化的外形图来表示,以便于反映该元器件的工作原理。

在电路图中除了用图形符号表示元器件外,还应在图形符号旁标注项目代号,必要时还应在图形符号旁标注元器件的主要技术参数,其目的是为了便于对电路进行分析和检查。

2. 图形符号的布置

在电气系统中,有大量的元器件的驱动部分和被驱动部分采用机械连接,如继电器、按钮开关、光电耦合器等都属于这一类。其表示方法有 3 种:集中表示法、半集中表示法和分开表示法。

(1)集中表示法。其是把元器件各组成部分的图形符号绘制在一起的方法。其特点是易于寻找项目的各个部分,元器件整体印象完整,但仅适用于较为简单的电路,如图 2-8 所示。

(2)半集中表示法。其是把一个元器件某些组成部分(不是全部)的图形符号在图上分开布置,它们之间的关系用机械连接线表示的方法,如图 2-9 所示,机械连接线用虚线表示,可以是直线,也可以

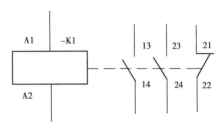

图 2-8　集中表示法示例

折弯、分支和交叉。其特点是可减少电路连接线的往返和交叉,使图面清晰,便于识读。但是、会出现穿越图面的机械连接线,所以适用于一般电路,对于复杂电路,由于穿越图面的机械连接线过多,不宜采用这种方法。

(3)分开表示法。把一个元器件的各组成部分的图形符号在图上分开布置,它们之间各部分的关系用项目代号表示的方法,如图 2-10 所示。显然,分开表示法既减少了电路连接线的往返和交叉,又不会出现穿越图面的机械连接线,所以在实际中得到广泛应用。但是,为了寻找被分开的各部分,需要采用插图或表格等检索手段。

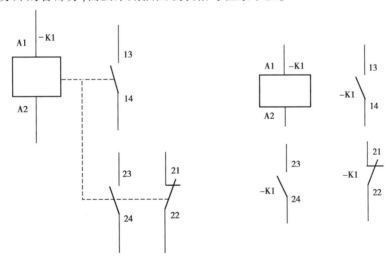

图 2-9　半集中表示法示例　　　　图 2-10　分开表示法示例

不管采用何种表示方法,所给出的信息量都是相等的,在同一张图纸上可以根据需要使用一种或同时使用几种表示方法。

3. 电路与导线的排列

电路的安排要求一目了然,各个电路的排列必须优先采用从左到右、从上到下的原则,

尽可能用直线、无交叉点、不改变方向的标记方式。另外,作用方向应与电路图边沿平行,如果出现许多平行线重叠成堆的情况,那么可将其编组,通常是把三条线集中为一组,留出距离,再表示下一组线。

4. 分界线与边框

电路的各部分用点划线或边框线限制,以此表明仪器、部件功能或结构上的属性。在汽车电气设备中,用点划线表示仪器和电路中不导电的边框,这种图示不总是与开关外壳相一致,也不用来表示仪器的地线。

三、电路图的识读方法

1. 掌握读图方法至关重要

由于各国汽车生产厂家在汽车电路图的画法上有很大差异,所采用的绘制方法、符号标注、文字标注、技术标准均有所不同,甚至同一国家不同公司汽车电路图的表示方法也存在较大的差异,这就给读图带来许多麻烦,因此,掌握读图方法至关重要。

2. 掌握回路原则,这是识图基础

在电学中,回路是一个最基本、最简单,同时也是最重要的概念,任何一个完整的电路都由电源、用电器、开关、导线等组成。一个用电器要想正常工作,总要依靠电能。对于直流电路而言,电流总是要从电源的正极出发,通过导线,经熔断器、开关到达用电器,再经过导线(或搭铁)回到同一电源的负极,在这一过程中,只要有一个环节出现问题,此电路就无法构成回路而使用电器无法得到电能。

3. 错误的概念

(1) 从电源正极出发,经某用电器(或再经其他用电器),最后又回到同一电源的正极。

(2) 在汽车电路中,发电机和蓄电池都是电源,在寻找回路时,不能从一个电源的正极出发,经过若干用电设备后,回到另一个电源的负极。

4. 了解汽车电路图的一般规律,这是识图的前提

(1) 电源位置。电源部分到各电器熔断器或开关的导线是电器的公共火线,在电路原理图中一般画在电路图的上部。

(2) 开关状态。标准画法的电路图,开关的触点位于零位或静态,即开关处于断开状态或继电器线圈处于不通电状态,晶体管、晶闸管等具有开关特性的元件的导通与截止视具体情况而定。

(3) 连接方式。汽车电路是单线制,各电器相互并联,继电器和开关串联在电路中。

(4) 电路保护。大部分用电设备都经过熔断器,受熔断器的保护。

(5) 划分系统。现在汽车整车电路一般都按各个电路系统来绘制,如电源系、起动系、点火系、照明系、信号系等,这些单元电路都有它们自身的特点,抓住特点把各个单元电路的结构,原理搞懂了,理解整车电路也就容易了。

5. 认真阅读图注有利于快速识图

认真阅读图注,了解电路图的名称、技术规范,明确图形符号的含义,建立元器件和图形符号间一一对应的关系,这样才能快速准确地识图。

6. 开关是控制电路通断的关键

(1) 在开关的许多接线柱中,注意哪些是接电源的?哪些是接用电器的?接线柱旁是否

(2)开关共有几个挡位?在每个挡位中,哪些接线柱通电?哪些断电?

(3)蓄电池或发电机的电流是通过什么路径到达这个开关的?中间是否经过别的开关和熔断器?这个开关是手动的还是电控的?

(4)各开关分别控制哪个用电器?被控用电器的作用和功能是什么?

(5)在被控的用电器中,哪些电器处于常通?哪些电路处于短暂接通?哪些应先接通,哪些应后接通?哪些应单独工作?哪些应同时工作?哪些电器允许同时接通?

7. 识图的一般步骤

(1)首先浏览全图,把各个独立的系统一一框出。

(2)其次分析各系统的工作过程、相互间的联系。

(3)通过对典型电路的分析,比较对照,举一反三,掌握共同规律,达到触类旁通。

汽车电器的通用性和专业化生产使同一国家汽车的整车电路形式大致相同,如掌握了解放牌汽车电路的特点,就可以大致了解东风、跃进等国产汽车电路的特点;掌握了日产、丰田等汽车电路特点,就基本了解日本汽车电路的特点;掌握了桑塔纳汽车电路的特点,就大致了解了德国汽车电路的特点。

总之,按照从整体到部分、再从部分到整体的顺序认真识读,就可以对一个复杂电路图的结构和原理进行充分的认识。

四、电路图识读示例

在掌握汽车电器的基本知识,认识图形符号的基础上,就可以看图了。看汽车电路原理图的一般方法是先分后总,先看主电路,再看辅助电路,用辅助电路的回路去分析主电路的控制过程,现以大众桑塔纳2000型汽车起动电路为例,说明其读图方法。大众桑塔纳2000型汽车起动电路图如图2-11所示。

1. 识读可按下列步骤

(1)分析用电设备。

首先要看清楚有几个用电设备,明确它们的类别、用途、接线方式和特殊要求等。图2-11中用电设备是起动机,该起动机为带电磁开关的直流串励式电动机,用于起动发动机。起动机对外有2个接线柱(30、50),"30"直接与蓄电池连接,"50"与点火开关连接,起动机的电磁线圈和电机通过外壳直接与车身搭铁。

(2)分析用电设备。

用电设备的控制方法很多,有的直接用开关控制,有的用继电器控制。在图2-11所示的电路中,由点火开关直接控制起动机的电磁线圈。

(3)分析电路中其他元件的作用。

图2-11所示的电路中,除了用电设备和控制用电设备的继电器以外,还有电源接线盒,起到给用电设备供电的作用,如给点火开关D提供电源。

(4)分析电源。

发电机和蓄电池并联向用电设备供电,发动机起动过程中由蓄电池供电,发动机起动运转后,带动发电机运转发电,由发电机给车辆供电。

电路图

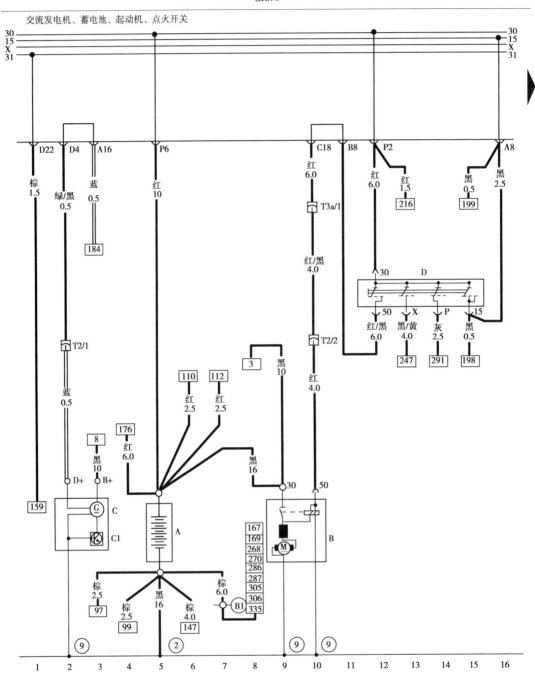

图 2-11 大众桑塔纳 2000 型汽车起动电路图

(5)研究电器元件之间的相互控制关系。

电路中一切电器元件都不是孤立存在的,而是互相联系,互相制约的。

2. 按工作状况整个电路分为两部分

(1)控制电路。

起动时,点火开关旋至最右三挡位置,起动机电磁线圈通电,电路为:蓄电池正极30号线→点火开关30端子→点火开关三挡位置→点火开关50端子→起动机50端子→起动机电磁线圈→搭铁→蓄电池负极。由于两线圈通电,产生电磁吸力,接触盘将触点接通,起动机产生转矩。

(2)主电路。

蓄电池正极→起动机电源接线柱"30"→电磁开关→起动机电机→搭铁→蓄电池负极。

总而言之,对汽车电气总电路的识读,通常采用"部分电路分析法",即先将复杂的总线路按功能或要求分成几个简单的部分电路,然后对各个部分进行作用、特点、原理等各个方面的分析,搞清各部分电路的情况,最后将各个部分电路的情况综合起来,总电路的工作原理也就清楚了。

课题三 敷 线 图

一、概述

从原理框图可概括了解汽车电器的基本组成及其相互关系和主要特征,从汽车电路图可以比较详细地了解电器元件间的相互控制关系和工作原理,但它们都不能表达汽车电器的实际情况。为了便于汽车电器线路的布置、连接,常需要绘制敷线图。

1. 敷线图(布线图)

敷线图是指专门用来标记电气设备的安装位置、外形、线路走向等的指示图。它按照全车电气设备安装的实际方位绘制,部件与部件之间的连线按实际关系绘出,为了尽可能接近实际情况,图中的电器不用图形符号,而是用该电器的外形轮廓或特征表示,在图上还注意将线束中同路的导线尽量画在一起。这样,汽车敷线图就较明确地反映了汽车实际的线路情况,查线时导线中间的分支、接点很容易找到,为安装和检测汽车电路提供方便。但因其线条密集,纵横交错,给读图、查找、分析故障带来不便。

2. 敷线图的内容

(1)电气设备项目的相对位置、项目代号。

(2)端子间的连接关系、端子代号。

(3)导线类型、截面积、导线号。

(4)需补充说明的其他内容。

3. 敷线图的表示方法

(1)项目的表示方法。

敷线图中的元器件、部件、组件和设备等项目,应尽量采用其简化外形(如圆形、方形、矩形)来表示,为了便于识图,必要时也允许用图形符号表示。

为了进一步说明各个图形或符号所表示的项目,在每个图形或符号的近旁,应同时标出与电路图相应项目一致的项目代号。在敷线图中,项目只用种类代号表示。

(2)端子的表示方法。

在敷线图中,端子用端子代号表示,端子一般用图形符号"○"表示,同时在端子近旁标注端子代号,对于用图形符号表示的项目,端子可不画符号,只标出端子代号就可以了。

(3)导线的表示方法。

导线可用连续线或中断线表示。

①连续线是用连续的实线采表示端子之间实际存在的导线。

②中断线是用中断的实线来表示端子之间实际存在的导线,并在中断处标明去向。

二、敷线图的识读方法

1. 浏览

拿到敷线图后,先认真阅读图注,然后对照图注,了解整车有哪些电器,各器件的分布位置,若常见电器较多,则了解该车有哪些系统以及系统的原理,遇到新异的电器,则应尽可能地翻阅有关电器的文字说明,事先了解电器的功能和原理,了解系统原理图,见图2-12~图2-14。

2. 展绘

浏览后虽然可以基本了解电器各系统的组成和原理,但由于整车电器系统支路数较多,浏览不一定能完全了解电路原理及连接特点。因此,需着手把图中的每条线准确地展绘出来,为避免展绘出现差错,可用直尺或纸条把每一条电流通路找出,并把它详细地绘下来。为防止遗漏失误,展绘应找出一段记录一条,直到绘制到最后一条导线为止,展绘时每条支路一般按电源→火线→熔断器→继电器或开关等中间环节→用电器→搭铁→电源的顺序找线。展绘不一定要求绘出简洁规范的原理图,展绘的目的仅仅是把敷线图展开,因此,展绘时尽可能用大图纸。

3. 整理

展绘是"化整为零,找出通路"的过程,展绘得到的图一般较散乱,分布无规则,为便于分析、保存,一般还要几次反复改绘,才能整理出简洁整齐的原理图。改绘的电路原理图布局应有统一的格式,元器件符号应尽可能采用标准符号,有些特殊元器件,图注中还需用文字简要说明,原理图上接线柱、导线、元器件的标号应尽可能与原图编号一致。

三、敷线图的识读示例

如图2-12所示为国产某型汽车电路的敷线图,图2-13为日产轿车电控悬架系统敷线图,图2-14为风神蓝鸟轿车音响系统敷线图。识读敷线图时,首先找到要了解部分主要电器的名称,然后,按图标的编号找到该电器在图上的位置,沿与其相连的实线(即实际电路中的导线)的走向顺序找出与其相联系的开关、熔断器、其他电器及电源等,必要时可边查找边画草图记录,这样,要了解的这部分电路就能清楚地找出来。利用这部分电路,可以较方便地分析其工作原理和控制关系等情况。

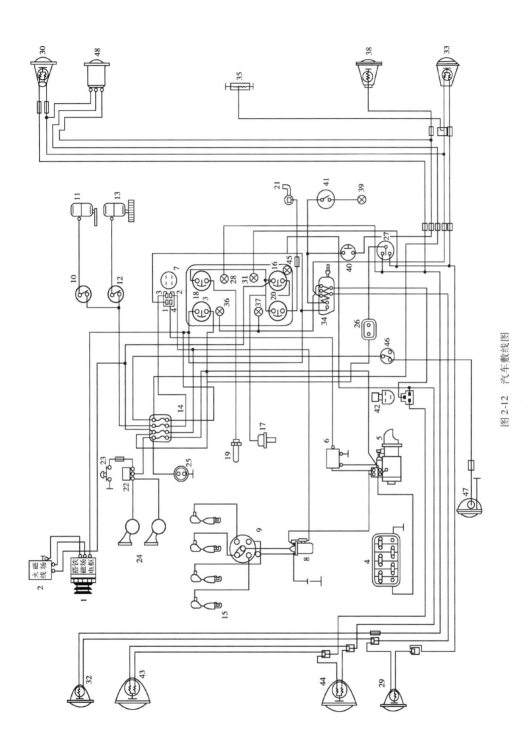

图2-12 汽车敷线图

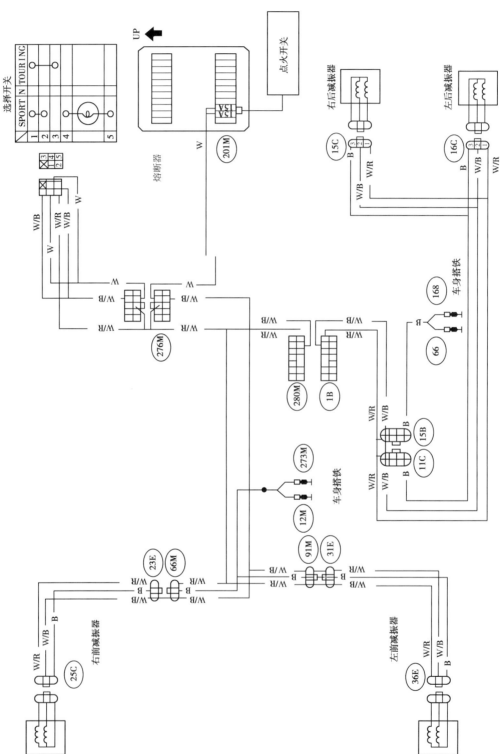

图 2-13 日产 Pathfinder 轿车电控悬架系统敷线图

单元二 汽车电路图的类型与绘制原则

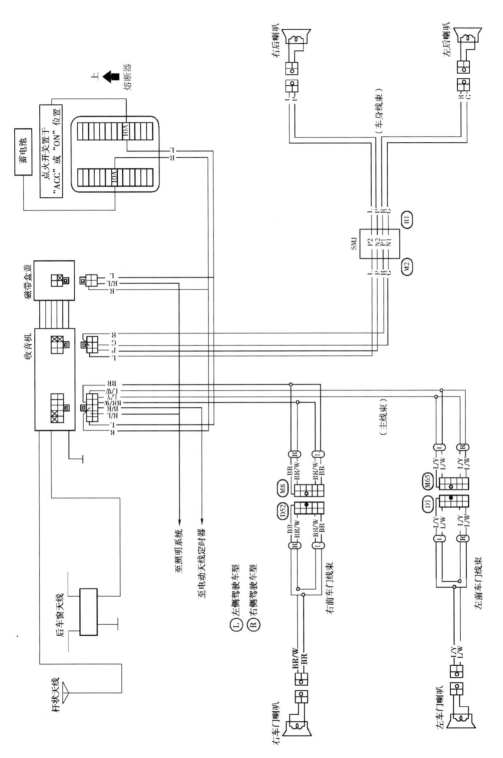

图 2-14 风神蓝鸟轿车音响电路敷线图

图 2-15 是按照上述方法绘出点火电路的敷线图,图中非常清晰地表示出了点火系的组成、工作原理和控制过程。

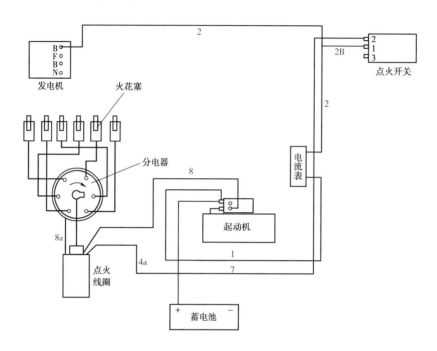

图 2-15　点火线路敷线图

课题四　线束安装图

一、概述

敷线图虽然反映了电气设备在汽车上的实际安装位置,但是图上导线纵横交错,增加了读图的难度。为了使电路图更接近于实际,常需要绘制线束安装图。线束安装图是把敷线图中同路的导线相对集中,形成线束图。

在汽车上,为了安装方便和保护导线,将同路的许多导线用棉纱编制物或聚氯乙烯塑料带包扎成束,称为线束。

线束安装图是根据电气设备在汽车上的实际安装部位绘制的全车电路图。在图上,部件与部件间的导线以线束形式出现。线束图与敷线图相似,但图面比敷线图简单明了,接近实际,对使用、维修人员适用性较强。

线束安装图不详细描述线束内部的导线走向,只将露在线束外面的线头与接插器详细编号,并用字母标定。

配线记号的表示方法突出,便于配线,各接线端都用序号和颜色准确无误地标注出来。

线束图与电路图、敷线图结合起来使用,具有很大的参考价值。所以,现代汽车维修手册中一般都给出电路图和线束安装图。

二、线束安装图的绘制

由于线束安装图主要是以线束的形成出现的,图面的线条较少,各部件之间连接的表达就成为其主要的内容,为表达清楚导线的颜色,接头的端子代号,常需辅以线束分组和端子编号表及线束端子接线表。

1. 线束的内容

在线束安装图上应表现出各线束的组成,每个线束上有几个分支,每个分支上有多少根线,导线的颜色及条纹是什么。

汽车上的电器数量多而复杂,为使连线正确,各个连接点都应标注接线代号和接线标志,以便于连接。

线束的长度分总长、每个分支的长度和两个线端间隔的长度。

由于线束有多条,线束与线束、分支与线束或分支与电器之间都是通过插接器进行连接的,应表示出每个插接器上有几条导线,每条导线位于插接器接线孔的什么位置,插接器的形状是什么样的,相邻的几个插接器是否容易混淆。

2. 导线颜色

(1)单色导线:绝缘表面为一种颜色的导线。
(2)双色导线:绝缘表面为两种颜色的导线。
(3)主色:双色导线中面积比例大的颜色。
(4)辅助色:双色导线中面积比例小的颜色。
(5)导线的颜色和代号:应优先选用单色,再选用双色(表2-1)。

导线颜色及其对应代号　　　　表2-1

导线颜色	黑	白	红	绿	黄	棕	蓝	灰	紫	橙
代号	B	W	R	G	Y	Br	Bl	Gr	V	O

(6)导线颜色的标注:导线颜色的标注采用颜色代号表示,如单色导线,颜色为红色,标注为"R",双色导线,第一色为主色,第二色为辅助色,主色为红色.辅助色为白色,标注为"RW"。

各种汽车电器的搭铁线应选用黑色导线,黑色导线除作搭铁线外,没有其他用途。

3. 导线截面积

导线的截面积根据工作电流的大小来选取,对于一些电流特别小的电器,如指示灯电路,为了保证应有的力学强度,导线的截面积不得小于 $0.5 mm^2$。

导线的截面积标注在颜色代码前面,单位为毫米时不标注。如:1.25R 表示导线截面积为 $1.25 mm^2$ 的红色导线;1.0GY 表示导线截面积为 $1.0 mm^2$ 的双色导线,主色为绿色,辅助色为黄色。

三、线束安装图识读方法

线束安装图的识读方法与敷线图的识读方法相同。

四、线束安装图识读示例

图2-16 所示为东风 EQ1091 型汽车分线束,其线束分组编号与端子编号见表2-2,线束端子接线见表2-3。

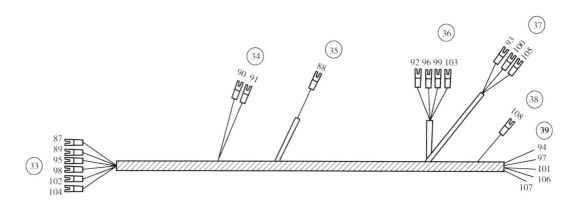

图 2-16　东风 EQ1091 型汽车分线束

东风 EQ1091 型汽车分线束分组编号与端子编号表　　表 2-2

线束分组编号	电器名称	端子编号
㉝	后接线板	87,89,95,98,102,104
㉞	制动灯开关	90,91
㉟	传感器	88
㊱	后左灯组	92,96,99,103
㊲	后右灯组	93,100,105
㊳	搭铁	108
㊴	挂车插座	94,97,101,106,107

东风 EQ1091 型汽车分线束端子接线表　　表 2-3

编号	接　向	编号	接　向
87	后接线板汽油感应塞	98	后接线板示廓灯
88	汽油感应塞	99	左后示廓灯
89	后接线板制动电池	100	右后示廓灯
90	制动开关电池	101	后挂车插座小灯
91	制动开关	102	后接线板牌照电池
92	左后制动灯	103	后牌照灯
93	右后制动灯	104	后接线板右转向灯
94	后挂车插座制动电池	105	右后转向灯
95	后接线板左转向灯	106	后挂车插座右转向灯
96	左后转向灯	107	后挂车插座搭铁
97	后挂车插座左转向灯	108	搭铁

图 2-17～图 2-21 为北京现代悦动汽车线束图。

单元二 汽车电路图的类型与绘制原则

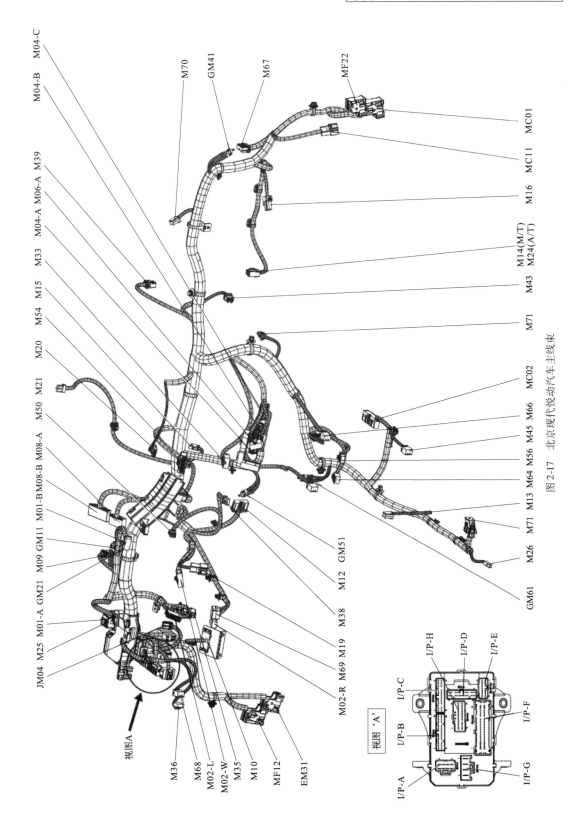

图 2-17 北京现代悦动汽车主线束

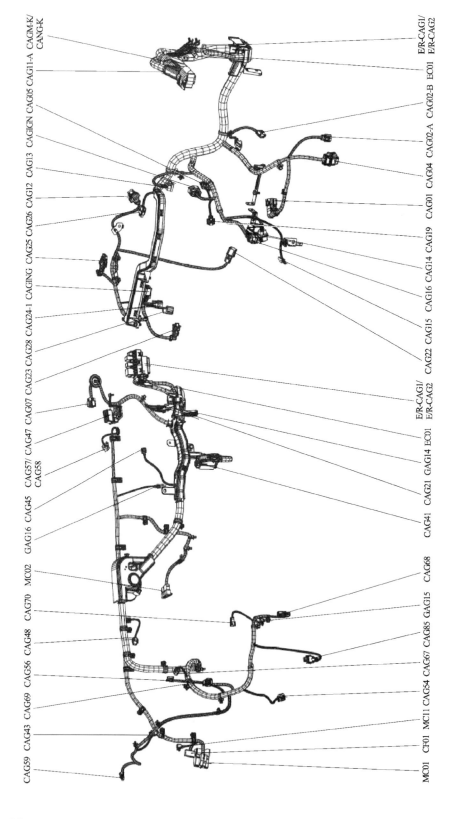

图 2-18　北京现代悦动汽车控制线束

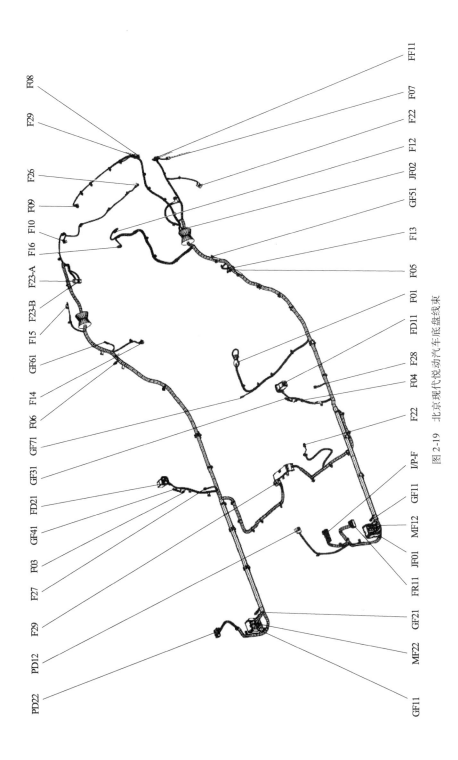

图2-19 北京现代悦动汽车底盘线束

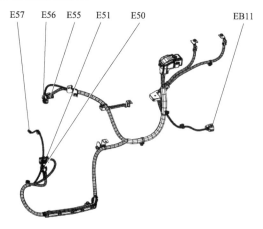

图 2-20 北京现代悦动汽车蓄电池线束

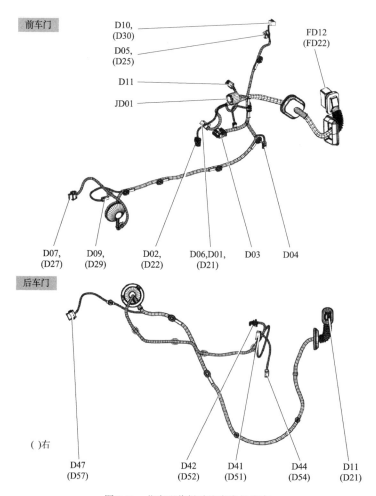

图 2-21 北京现代悦动汽车车门线束

单元三
典型车系电路图识读方法

课题一 丰田汽车电路图识读方法

一、元件名称缩略语

为简明扼要表达电路图中元器件名称,丰田汽车电路图手册中利用英文缩写表示元件名称,常用缩略语见表3-1。

缩略语一览表　　　　　　　　　　　　表3-1

元件名称	缩略语	元件名称	缩略语
空调	A/C	发动机控制模块	ECM
自动传动桥	A/T	电子控制变速器	ECT
防抱死制动系统	ABS	电子控制单元	ECU
声控进气系统	ACIS	电子助力转向	EPS
控制器区域网络	CAN	熔断丝	FL
中央处理器	CPU	高强度放电	HID
无级变速器(传动桥)	CVT	集成电路	IC
数据链路连接器3	DLC3	接线盒	J/B
电子燃油喷射	E.F.I	发光二极管	LED
电镀铬	EC	左侧	LH
手动传动桥	M/T	车辆温度性控制	VSC
继电器盒	R/B	真空开关阀	VSV
右侧	RH	可变气门正时	VVT
辅助约束系统	SRS	带	W/
温度	TEMP	不带	W/O
牵引力控制	TRC		

二、电路图形符号

丰田汽车常用电路图符号及其含义如图3-1、图3-2所示。

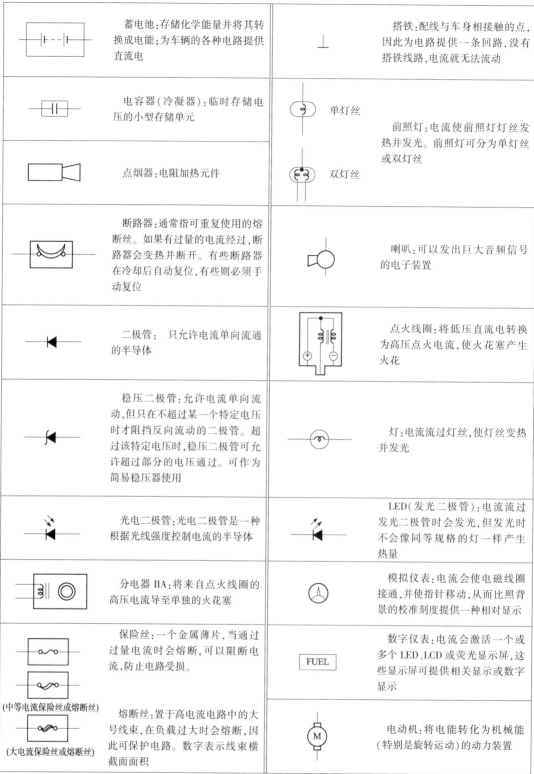

图3-1 丰田汽车常用电路图符号及含义(一)

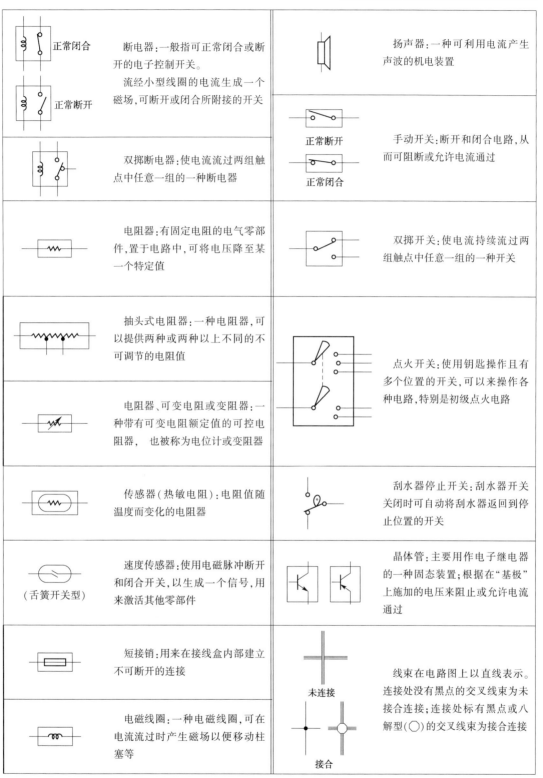

图3-2 丰田汽车常用电路图符号及含义(二)

三、电路图识读方法

如图 3-3 所示,以丰田卡罗拉汽车制动灯为例,举例说明丰田车系电路图的识读方法。

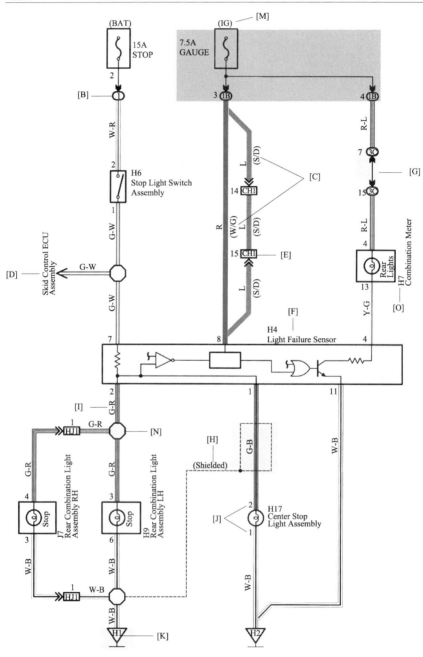

图 3-3　丰田卡罗拉汽车刹车灯电路图

[A]：系统标题。

[B]：表示继电器盒。未用阴影表示,仅表示继电器盒编号,用以和接线盒进行区分。

[C]：当车型、发动机类型或规格不同时,用( )来表示不同的配线盒连接器等。

[D]：表示相关联的系统。

[E]：表示用来连接线束的插头式连接器和插座式连接器的代码。连接器代码由两个字母和一个数字组成,如图3-4所示。

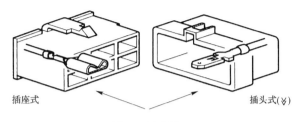

图3-4 连接器

连接器代码的第一个字符表示插座式连接器线束上的字母代码,第二个字符表示插头式连接器线束上的字母代码,第三个字符是在存在多个相同线束组合时用来区别线束组合的系列号(如CH1和CH2)。

符号(∨)表示插头式端子连接器。连接器代码外侧的数字表示插头式连接器和插座式连接器的针脚编号。

[F]：代表零件(所有零件均以天蓝色表示),该代码和零件位置中使用的代码相同。

[G]：接线盒(圆圈中的数字为接线盒编号,连接器代码显示在旁边)。接线盒以阴影表示,用以明确区分其他零件,如图3-5。

[H]：表示屏蔽电缆,防止信号干扰,如图3-6。

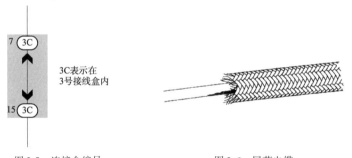

图3-5 连接盒编号　　　图3-6 屏蔽电缆

[I]：表示配线颜色,配线颜色以字母代码表示,如表3-2。

配线颜色一览表　　　　　　　　　　　表3-2

配线颜色	字母代号	配线颜色	字母代号	配线颜色	字母代号
黑色	B	黄色	Y	绿色	G
棕色	BR	橙色	O	粉红色	P
紫罗兰色	V	白色	W	灰色	GR
红色	R	蓝色	L	米黄色	BE
浅绿色	LG	天蓝色	SB		

当导线采用双颜色表示时,第一个字母表示基本配线颜色,第二个字母表示条纹颜色,如图3-7所示。

[J]：表示连接器的针脚编号。插座式连接器和插头式连接器的编号系统各不相同,如图3-8所示。

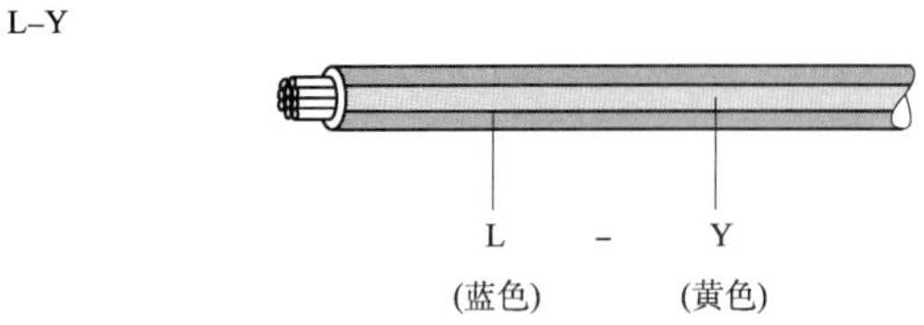

L–Y

L – Y
(蓝色) （黄色）

图 3-7 双色导线

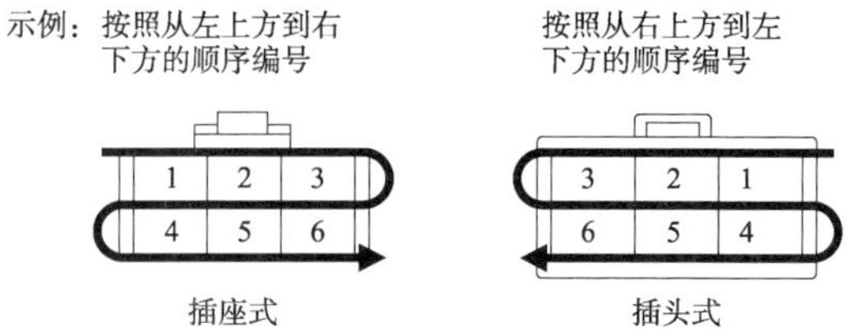

图 3-8 插头与插座编号规则

[K]：表示搭铁点，该代码由两个字符组成：一个字母和一个数字。第一个字符表示线束的字母代码，第二个字符是当同一线束存在多个搭铁点时用来区别各搭铁点的系列号。

[L]：页码。

[M]：向熔断丝供电时，用来表示点火钥匙的位置。

[N]：表示配线接合点，如图 3-9。

[O]：线束代码。各线束以代码表示，线束代码用于表示零件代码、线束间连接器代码和搭铁点代码。例如：H7（组合仪表）、CH1（插头式线束间连接器）和 H2（搭铁点）表示它们是同一线束"H"的零件。

图 3-9 配线接合点

四、电路图元件位置查阅

为了便于技术人员查找电路图中元件安装位置，丰田汽车在每个系统电路图后附有相关元件安装位置说明，见图 3-10 所示。

[P]○：零件位置。

代码	参考页	代码	参考页	代码	参考页
H4	36	H7	36	H17	38
H6	36	H9	38	J7	38

[Q]○：继电器盒。

代码	参考页	继电器盒（继电器盒位置）
1	18	1 号继电器盒（仪表板左侧支架）

[R]◻：接线盒和线束连接器。

代码	参考页	接线盒和线束（连接器位置）
3C	22	仪表板线束和 3 号接线盒（仪表板左侧支架）
1B	20	仪表板线束和仪表板接线盒（下装饰板）

[S]◻：线束间连接器。

代码	参考页	连接线束和线束（连接器位置）
CH1	42	发动机舱主线束和仪表板线束（左侧踏脚板）
HU1	50	仪表板线束和地板线束（右侧踏脚板）

[T]▽：搭铁点。

代码	参考页	搭铁点位置
H1	50	左侧中柱下方
H2	50	中央背板

图 3-10 元件安装位置说明

[P]：表示车辆系统电路中零件位置的参考页。

示例：代码"H4"（灯故障传感器）在本手册的第 36 页。代码的第一个字符表示线束的字母代码，第二个字符表示与线束连接的零件的系列号。

[Q]：表示系统电路中车辆继电器盒连接器位置的参考页。

示例：连接器"1"在本手册第 18 页加以说明，其安装在仪表板左侧。

[R]：表示系统电路中车辆接线盒和线束位置的参考页。

示例：连接器"3C"连接仪表板线束和 3 号接线盒。在本手册第 22 页加以说明，其安装在仪表板左侧。

[S]：表示线束间连接器的参考页（首先显示插座式线束，然后显示插头式线束）。

示例：连接器"CH1"连接发动机室主线束（插座式）和仪表板线束（插头式）。在本手册第 42 页加以说明，其安装在左侧踏脚板上。

[T]：表示车辆上搭铁点位置的参考页。

示例：搭铁点"H2"在本手册第 50 页加以说明，其安装在中央背板上。

课题二　北京现代汽车电路图识读方法

一、导线颜色缩写

北京现代汽车电路图中识别导线颜色的缩写字母见表 3-3。

配线颜色一览表　　　　　　　　　　　表 3-3

配线颜色	字母缩写	配线颜色	字母缩写
黑色	B	橙色	O
棕色	Br	粉色	P
绿色	G	红色	R
灰色	Gr	白色	W
蓝色	L	黄色	Y
浅绿色	Lg	紫色	Pp
褐色	T	浅蓝色	Ll

二、线束识别标记

根据线束的不同位置，把线束分成以下几类，见表 3-4。

线束识别标记一览表　　　　　　　　　　　表 3-4

符号	线束名称	位置
E	发动机、蓄电池线束	发动机、前端模块、蓄电池
M	主线束	室内、仪表盘罩下部和底板
F	底板、倒车警告线束	底板、行李舱盖

续上表

符号	线束名称	位置
C	控制、喷油嘴延伸、点火延伸、MTM延伸线束	发动机舱室内
R	天窗线束	天窗
D	出门线束	车门

三、连接器代号识别

导线连接器识别代号由线束位置识别代号和导线连接器识别代号组成，见图3-11。

每个连接器的连接器由以下符号组成，见图3-12。

接线盒和各线束间的导线连接器用下列方法表示，见图3-13。

```
E 10 -1                MR 01               I/P - A
  │  │  └─导线连接器分序列号(序列号)    │ │  └─导线连接器序列号(序列号)    │   └─连接器名称
  │  └──导线连接器主序列号(序列号)     │ └──后线束                        └──"室内接线盒"的缩写
  └───符号指示线束(发动机线束)        └───主线束
```

图3-11 导线连接器识别代号示例　　图3-12 连接器识别代号示例　　图3-13 接线盒连接器识别代号示例

四、导线连接器形状和端子号排列

导线连接器的公插头和母插座形状定义及端子号排列定义见图3-14。

（公）实际形状	（母）实际形状	备注
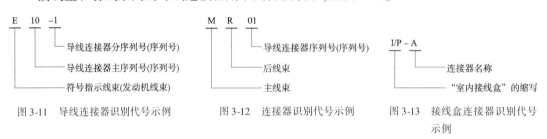		这里不是说明导线连接器外壳形状而是说明辨别公导线连接器和母导线连接器上的端子排列表示法。 某些导线连接器端子不使用这种表示方法，具体情况参照导线连接器形状图
3 2 1 / 6 5 4	1 2 3 / 4 5 6	
3 2 1 / 6 5 4	1 2 3 / 4 5 6	母导线连接器从右上侧开始往左下侧的数需读号码。 公导线连接器从左上侧开始往右下侧顺序读号码

图3-14 导线连接器形状和端子号排列

五、电路图形符号

北京现代汽车常用电路图符号及其含义如图 3-15、图 3-16、图 3-17 所示。

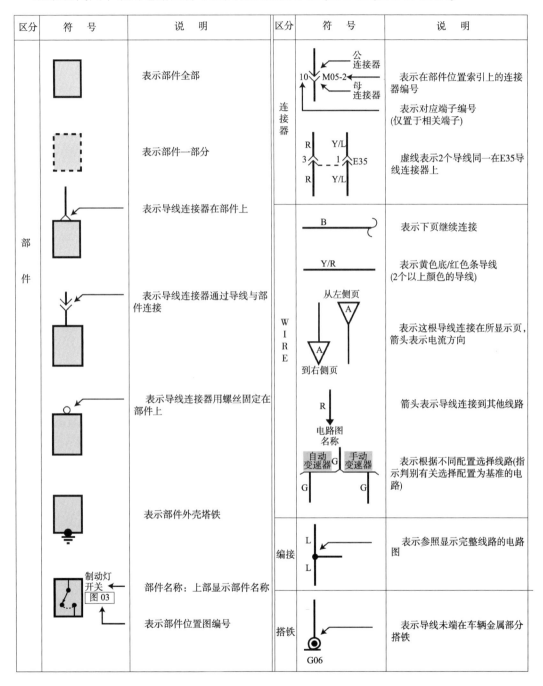

图 3-15　北京现代汽车常用电路图符号及含义（一）

区分	符号	说明	区分	符号	说明
编接导线	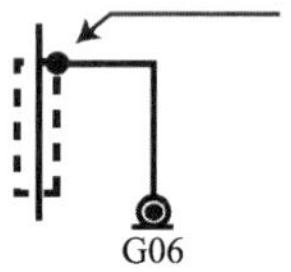	表示为防波套,防波套要永久搭铁。(主要用在发动机和变速器的传感器信号线上)	灯		双丝灯泡 单丝灯泡
短接连接器	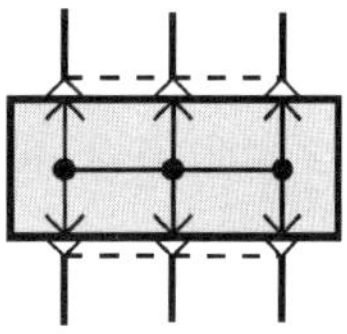	表示多线路短接的导线连接器	二极管		二极管——单向导通电流 发光二极管——导通电流时发光 稳压二极管——流过反方向规定以上电流
易熔丝		电流 名称 容量	TR	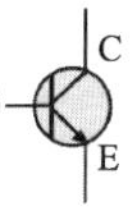 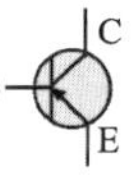	开关或放大作用
熔断丝		表示点火开关"ON"时的电源 表示短路片连接到每个熔断丝编号 容量	通用部件符号		开关(双触点)——表示开关沿虚线摆动,而细虚线表示开关之间的联动关系 开关(单触点) 加热器
电源连接器		蓄电池电源			

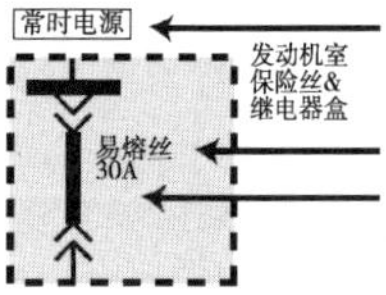

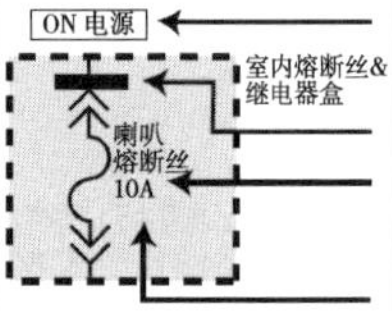

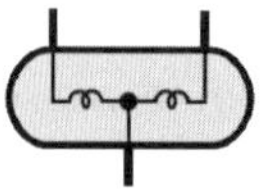

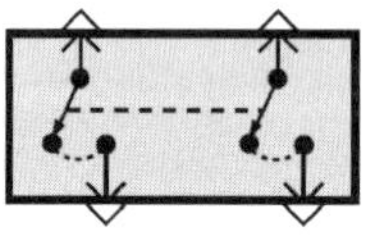

图3-16 北京现代汽车常用电路图符号及含义(二)

区分	符号	说明	区分	符号	说明
通用部件符号	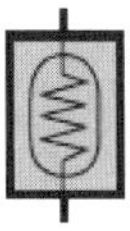	传感器	通用部件符号		电容器
		传感器		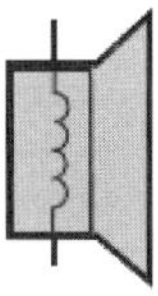	扬声器
	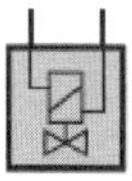	喷油嘴		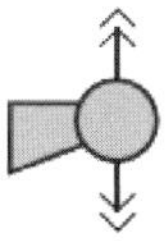	警音器,喇叭,蜂鸣器,警报器
	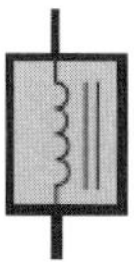	电磁阀	继电器	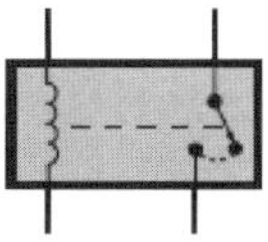	常开式
		电动机		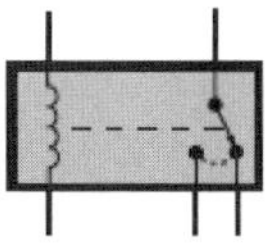	常闭式
	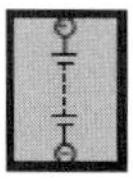			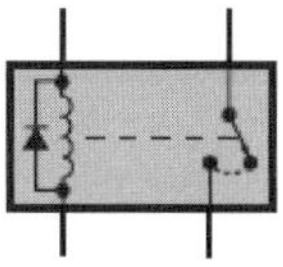	内装二极管的继电器
		蓄电池		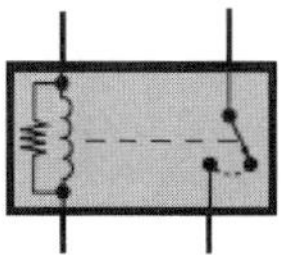	内装电阻的继电器

图 3-17 北京现代汽车常用电路图符号及含义(三)

六、电路图识读方法

如图 3-18 所示,以北京现代悦动汽车起动电路为例,举例说明北京现代汽车电路图的识读方法。

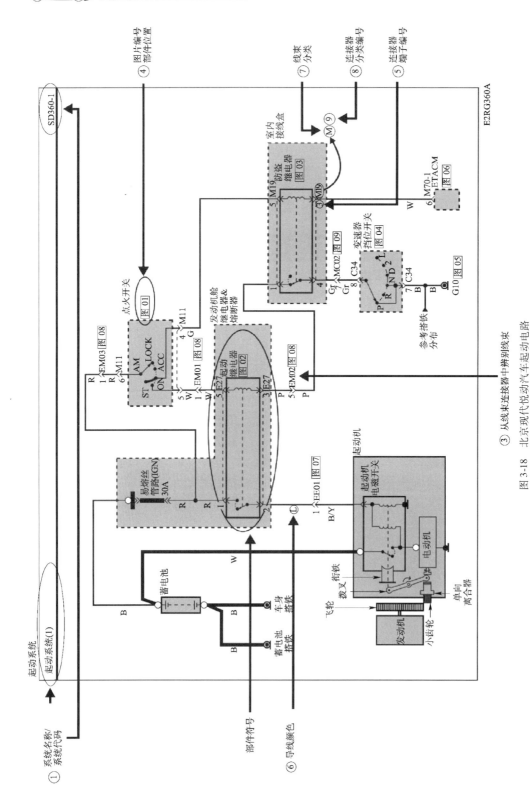

图 3-18 北京现代悦动汽车起动电路

课题三　大众汽车电路图识读方法

一、电路图的特点

（1）系统纵向排列。总线路采用纵向排列，某一系统电路画在总线路的一个区域内。基本电路按电源、起动机、点火电路等系统顺序编排。

（2）以中央接线盒为中心。中央接线盒贯穿整车电路图的上部区域。

汽车整个电气系统以中央接线盒为中心。部分继电器和熔断器都安装在中央接线盒正面，主线束从中央接线盒反面接插后通往各个用电设备。如图3-19所示上部的灰色区域表示汽车中央接线盒的继电器与熔断器，区域内部的水平线为接电源正极的导线。

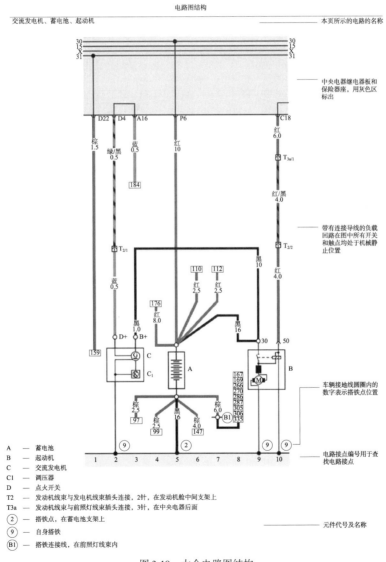

图3-19　大众电路图结构

(3)断线代号法避免电路交叉。在线路的断开处标上要连接的线路号,如图3-22所示,在线路的断线处方框内有61,其线路图下端标号为66,只要在线路图下端找到标号为61,则其上部断线处必标有66,说明在两标号处为断线连接处。

(4)电路图底部横线标明搭铁方式和部位。电路图下部的水平线为搭铁线,导线搭铁端标注有带圈的数字代号,如图3-19中的②和⑨,各代号的接地部位见电路图下面的图注。在车上,不是所有电器都直接与金属车体相连接而搭铁的,有的通过接地插座,有的则通过其他电器或电子设备再搭铁连接。

总之,大众电路图的结构一般都是由电路的名称、中央电器继电器板和熔断丝座、负载回路、车辆接地点及相应编号、元件代码和名称所组成,如图3-19所示。

二、电路图形符号

大众汽车常用电路图符号及其含义如图3-20、图3-21所示。

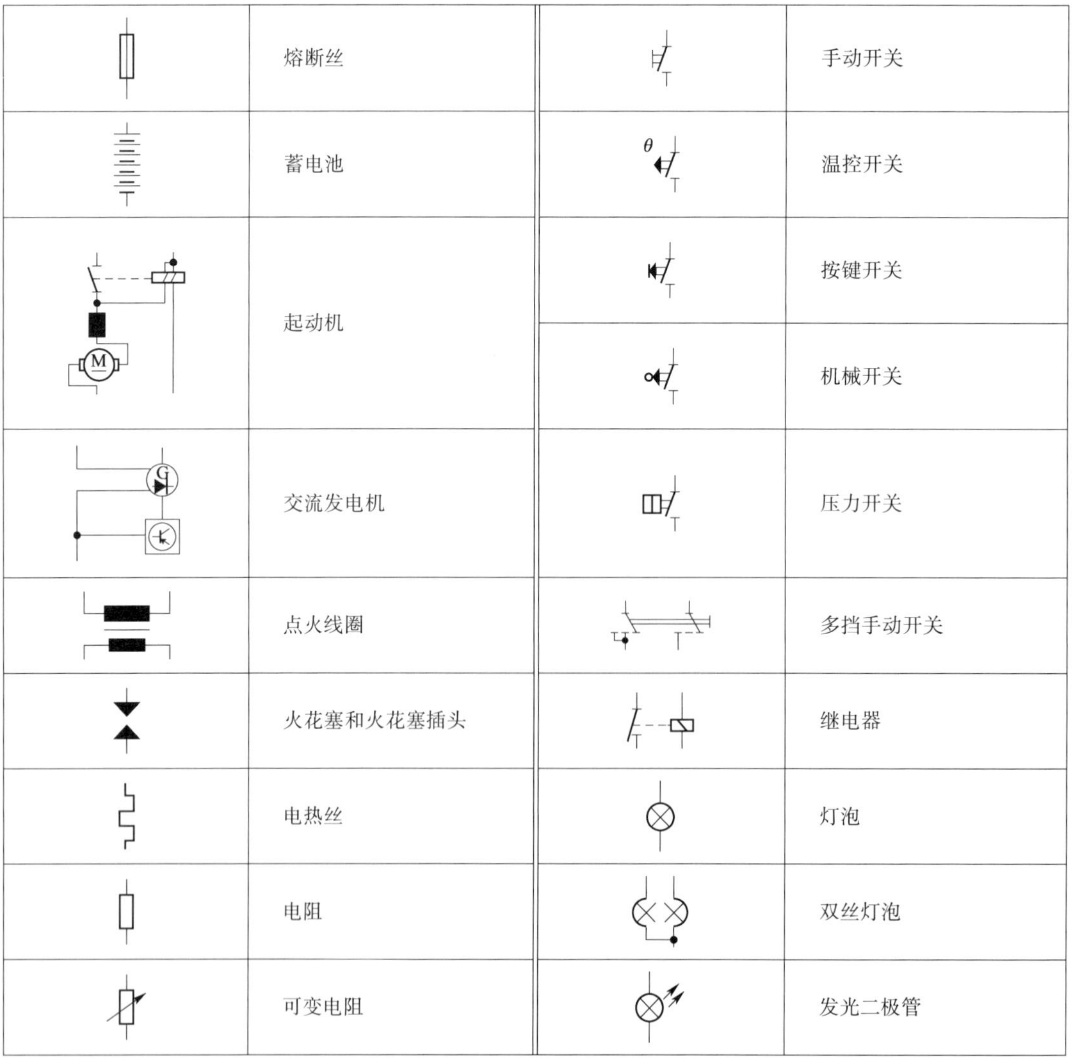

符号	名称	符号	名称
	熔断丝		手动开关
	蓄电池		温控开关
	起动机		按键开关
			机械开关
	交流发电机		压力开关
	点火线圈		多挡手动开关
	火花塞和火花塞插头		继电器
	电热丝		灯泡
	电阻		双丝灯泡
	可变电阻		发光二极管

图3-20 大众汽车常用电路图符号及含义(一)

符号	名称	符号	名称
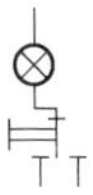	内部照明灯		不可拆式导线接点
	显示仪表		线束内导线连接
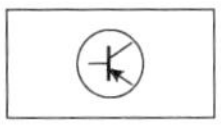	电子控制器	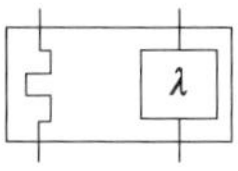	氧传感器
	电磁阀		电动机
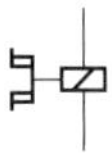	电磁离合器	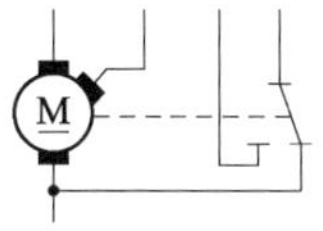	双速电动机
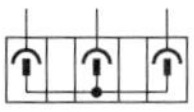	接线插座	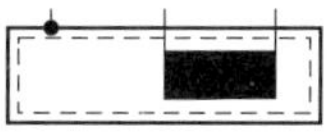	感应式传感器
	插头连接	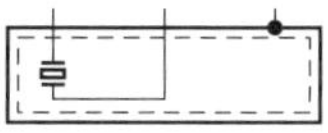	爆震传感器
	元件上多针插头连接		数字钟
	元件内部导线接点	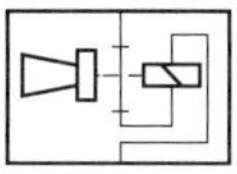	喇叭
	可拆式导线接点	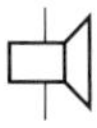	扬声器

图 3-21　大众汽车常用电路图符号及含义(二)

三、电路图识读方法

如图 3-22 所示,以大众桑塔纳汽车油泵继电器控制电路为例,举例说明大众汽车电路图的识读方法,具体说明见表 3-5。

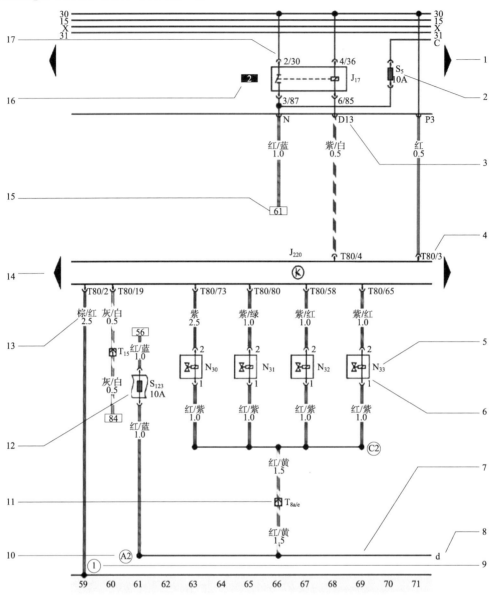

图 3-22 大众桑塔纳汽车油泵继电器控制电路

线束识别标记一览表

表 3-5

序号	注释名称	说明
1	三角箭头	表示下接下一页电路图
2	熔断丝代号	图中 S5 表示该熔断丝位于熔断丝座的第 5 号位置,容量为 10A(红色)
3	继电器板插头连接代号	表示多针或单针插头连接和导线位置,例如 D13 表示多针插头连接,D 位置触点 13
4	接线端子代号	表示电器元件上接线端子数/多针插头连接触点号码
5	元件代号	在电路图下方可以查到元件名称

续上表

序号	注释名称	说明
6	元件符号	参加电路图符号说明
7	内部接线(细实线)	该接线并不是作为导线设置的,而是表示元件或导线束内部的电路
8	指示内部接线走向	字母表示内部接线在下一页电路图中与标有相同字母的内部接线相连
9	搭铁点代号	在电路图下方可查到该代号搭铁点在汽车上的位置
10	线束内连接线代号	在电路图下方可查到该不可拆式连接位于哪个导线束内
11	插头连接	例如,T8a/6 表示 8 针 a 插头触点 6
12	附加熔断丝符号	例如,S123 表示中央电器附加继电器板上第 23 号位熔断丝,10A
13	导线颜色及截面积	单位:平方毫米(mm^2),例如,"棕/红 2.5"表示导线颜色是棕色和红色的双色线,导线的截面积是 2.5 mm^2
14	三角箭头	指示元件接续上一页电路图
15	指示导线走向	框内的数字指示导线连接到哪个接点编号
16	继电器位置编号	表示继电器板上的继电器位置编号
17	继电器板上继电器/控制器接线代号	该代号表示继电器多针插头的各个触点,例如,2/30 中的 2 表示继电器板上 2 号位插口的触点,30 表示继电器/控制器上的触点 30

课题四 雪佛兰汽车电路图识读方法

通过本单元前面三个课题的学习,我们掌握了不同国家、不同车系汽车的电路图识读方法,发现虽然存在读图方法上的差别,但读图的基本思路是相同的,可概括为:认识图形符号;搞清线路连接关系;确认元件、线路、连接器等在车辆上的安装位置;分析工作过程。

随着网络技术发展,各汽车厂商已将电路图手册由纸质形式向电子化、网络化形式转变,即利于技术人员查阅,又便于技术保护。通用旗下的科鲁兹汽车维修手册,利用网络技术将电路图手册和维修手册融合,改变了技术人员传统的纸质查阅习惯。

一、电路图特点

雪佛兰汽车电路图采用示意图形式,只表示元件间的线路连接关系,不体现安装位置的相关信息,如图 3-23 所示。

示意图各个系统之间独立存在,虚线框表示相关元件的部分功能,如图 3-23 所示。

各个系统中的电源电路和通信电路只局部表示,完整的电源电路和通信电路单独查询。如图 3-24 所示。

二、导线颜色缩写

雪佛兰科鲁兹汽车电路图中识别导线颜色的缩写字母见表 3-6。

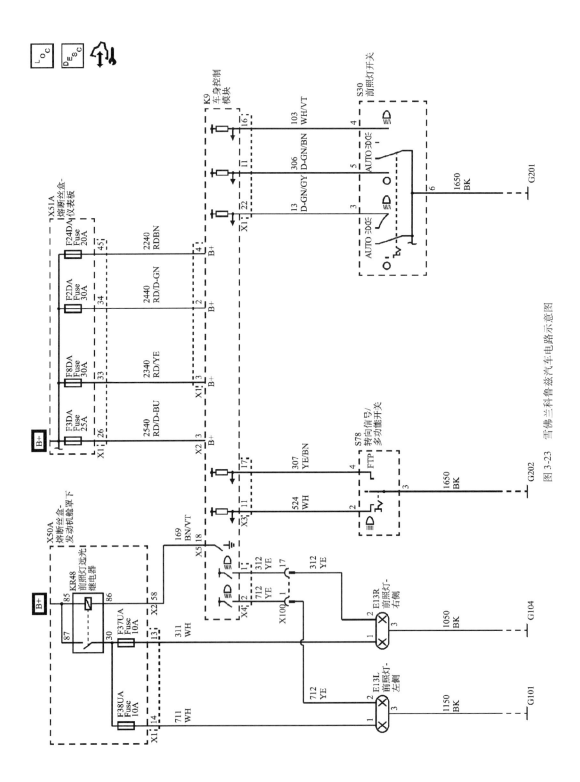

图 3-23 雪佛兰科鲁兹汽车电路示意图

第11章 电源和信号分布

　　11.1 数据通信

　　11.2 电源插座

　　11.3 线路系统和电源管理

图 3-24　雪佛兰科鲁兹汽车电源和信号电路图目录

配线颜色一览表　　　　　　　　　　　　　表 3-6

配线颜色	字母缩写	配线颜色	字母缩写
琥珀色	AM	橙色	OG
裸线	BARE	粉红色	PK
浅褐色	BG	紫色	PU
黑色	BK	红色	RD
棕色	BN	铁锈色	RU
蓝色	BU	银白色	SR
透明色	CL	水鸭色	TL
奶油色	CR	黄褐色	TN
咖啡色	CU	青绿色	TQ
金黄色	GD	紫罗兰色	VT
绿色	GN	白色	WH
灰色	GY	黄色	YE
木色	NA		
颜色修饰符			
浅色	L	深色	D

三、电路图形符号

雪佛兰科鲁兹汽车常用电路图符号及其含义见表 3-7 ~ 表 3-14 所示。

电压指示符号及含义一览表　　　　　　　　　　表 3-7

符号	含义	符号	含义
B+	蓄电池电压	IGN 0	点火开关 — Off(关闭)位置
IGN Ⅰ	点火开关 — Accessory(附件)位置	IGN Ⅱ	点火开关 — Run(运行)位置
IGN Ⅲ	点火开关 — Start(起动)位置		

一般符号及含义一览表　　　　　　　　　　　　　　　　　　　　　表 3-8

符　号	含　义	符　号	含　义
LOC	主要部件列表图标：示意图上的图标，用于链接"主要电气部件列表"	DESC	说明与操作图标：示意图上的图标，用于链接特定系统的"说明与操作"
（计算机编程图标）	计算机编程图标：示意图上的图标，用于链接"控制模块参考"，确定更换时需要编程的部件	→	下一页示意图图标：示意图上的图标，用于进入子系统的下一页示意图
←	前一页示意图图标：示意图上的图标，用于进入子系统的前一页示意图	↑↓	串行数据通信功能：该图标用于向技术人员表明该串行数据电路详细信息未完全显示。也能有效链接至可完全显示该电路的"数据通信示意图"

开关符号及含义一览表　　　　　　　　　　　　　　　　　　　　　表 3-9

符　号	含　义	符　号	含　义
↑ ∧ △	常规向上箭头	↓ ∨ ▽	常规向下箭头
← < ◁	常规向左箭头	→ > ▷	常规向右箭头
↓↓	常规快速向下箭头	⏻	接通/关闭图标
🔒	常规锁止图标	🔓	常规解锁图标
⊞	常规车窗开关位置 - 4 门	◐ ◑	常规车窗开关位置 - 2 门

部件符号及含义一览表　　　　　　　　　　　　　　　　　　　　　表 3-10

符　号	含　义	符　号	含　义
⌐ ¬（虚线框）	非完整部件，当某个部件采用虚线框表示时，表明该部件或其导线并未完整显示	□（实线框）	完整部件，当某个部件采用实线框表示时，表明该部件或其导线已完整显示
↓12（虚线框内）	直接固定在部件上的连接器	↑12（虚线框内）	引线连接器

模块电路功能符号及含义一览表　　　　　　　　　　　　　表 3-11

符　号	含　义	符　号	含　义
	输入/输出下拉电阻器（-）		输入/输出上拉电阻器（+）
	输入/输出高压侧驱动开关（+）		输入/输出低压侧驱动开关（+）
	输入/输出双向开关（+/-）		脉宽调制符号
B+	蓄电池电压	IGN	点火电压
5V	参考电压	5V AC	空调电压
	低电平参考电压		搭铁
	串行数据		天线信号 - 输入
	天线信号 - 输出		接合制动器

模块电路功能符号及含义一览表　　　　　　　　　　　　　表 3-12

符　号	含　义	符　号	含　义
	熔断丝		继电器供电的熔断丝
	断路器		易熔线
	搭铁		壳体搭铁
X100 Femala Terminal / Male Torminal 12	直列式线束连接器	X100 12	引线连接
	临时或诊断连接器		钝切线

续上表

符号	含义	符号	含义
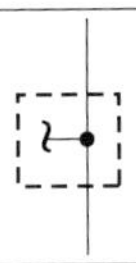	不完整物理接头		完整物理接头 - 2 条线路
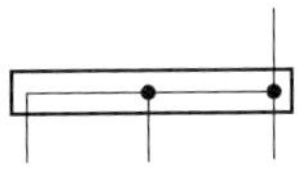	完整物理接头 - 3 条或更多线路	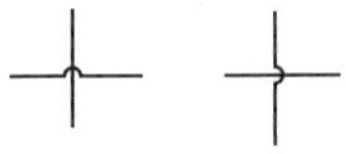	导线交叉
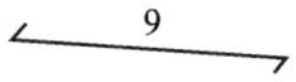	绞合线	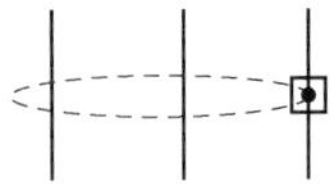	屏蔽
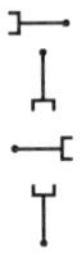	电路参考		电路延长箭头
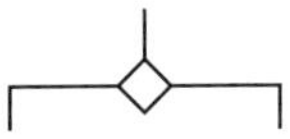	选装件断裂点	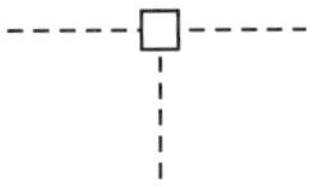	搭铁电路连接
	连接器短路夹		

开关和继电器符号及含义一览表　　　　表 3-13

符号	含义	符号	含义
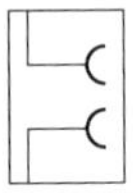	附件电源插座	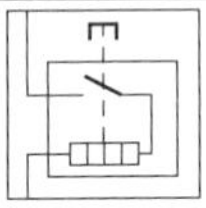	点烟器
	2 挡常开开关		2 挡常闭开关
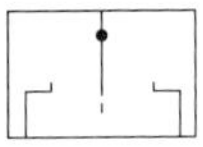	摇臂开关		接触片开关(1 线)
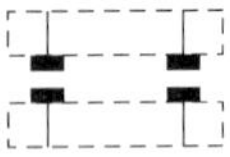	接触片开关(2 线)	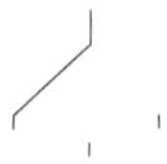	3 挡开关
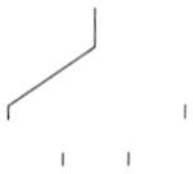	4 挡开关	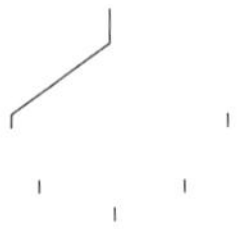	5 挡开关
E--	推入式执行器开关(瞬时)	E∨-	推入式执行器开关(锁闭)

续上表

符 号	含 义	符 号	含 义
⌐--	拉出式执行器开关(瞬时)	⌐∨-	拉出式执行器开关(锁闩)
↰--	旋转式执行器开关(瞬时)	↰∨-	旋转式执行器开关(锁闩)
⌐--	滑动式执行器开关(瞬时)	⌐∨-	滑动式执行器开关(锁闩)
P ---	压力执行器开关(瞬时)	T ---	温度执行器开关(瞬时)
L∨--	音量执行器开关(锁闩)		4针单刀单掷继电器-常开
	5针继电器-常闭		6挡开关

装置和传感器符号及含义一览表　　　　　　　　　　　　　　　　表3-14

符 号	含 义	符 号	含 义
	蓄电池		蓄电池总成
	单丝灯泡		双丝灯泡
	发光二极管(LED)		光电传感器
	二极管		电容器
	电阻器		可变电阻器
	可变电阻器-负温度系数		易断裂导线
	加热元件		位置传感器
	压力传感器		爆震传感器
	感应型传感器-2线		感应型传感器-3线

续上表

符 号	含 义	符 号	含 义
	霍尔效应传感器-2 线		霍尔效应传感器-3 线
	氧传感器-2 线		加热型氧传感器-4 线
	电磁阀—执行器		电磁阀
	离合器		电动机
	正温度系数电机		天线
	扬声器		喇叭
	麦克风		安全气囊
	安全气囊系统线圈		安全气囊系统碰撞传感器

单元四
车辆典型系统电路图识读

课题一 发动机起动系统电路图识读

起动机一般都由起动继电器控制工作,起动继电器控制线圈受点火开关、挡位开关等控制,控制方式分为开关直接控制和控制单元控制。

一、北京现代悦动起动电路

悦动汽车起动电路由蓄电池、起动机、起动继电器、点火开关、防盗继电器、变速器挡位开关、熔断丝和导线等组成。

该起动电路将配备手动变速器或自动变速器、未配备防盗系统或配备防盗系统的控制方式合画在一个电路图中,如图4-1所示,技术人员需根据车辆的不同配置选择性识读。

悦动汽车起动电路工作情况分析如下。

起动机小齿轮工作需满足:

起动继电器开关闭合,使蓄电池给起动机的吸合线圈和保持线圈供电,起动机机械运动促使内部电磁开关闭合,蓄电池同时给电机供电,起动机旋转工作。

起动机继电器工作需满足:

(1)点火开关置于"起动"位置。

(2)如车辆配备防盗控制系统,则防盗继电器处于不工作状态,即电路图所示状态。如车辆未配备防盗控制系统,则选读"未配备防盗系统"线路。

(3)如车辆配备自动变速器,则变速器挡位开关置于"P"或"N"位置。如车辆配置手动变速器,则选读"M/T"线路。

以配备自动变速器,但未配备防盗系统的起动电路为例,其工作过程如下:

蓄电池→IGN.2易熔丝→点火开关→起动熔断丝10A→未配备防盗系统→A/T→变速器挡位开关→起动继电器控制线圈→搭铁点GE11。

起动继电器线圈供电,产生磁场吸合继电器开关。蓄电池→IGN.2易熔丝→起动继电器负载开关→起动机吸合/保持线圈→搭铁。

小齿轮与飞轮啮合,起动机电磁开关闭合。蓄电池→起动机电磁开关→电动机→搭铁。

二、雪佛兰科鲁兹起动电路

科鲁兹汽车起动电路由蓄电池、起动机、起动继电器、点火开关或无钥匙进入控制模块、车身控制模块、发动机控制模块、变速器内部模式开关、熔断丝和导线等组成。

该起动电路将配备钥匙起动和无钥匙起动两种控制方式合画在一个电路图中,如图4-2所示,技术人员需根据车辆的不同配置选择性识读。

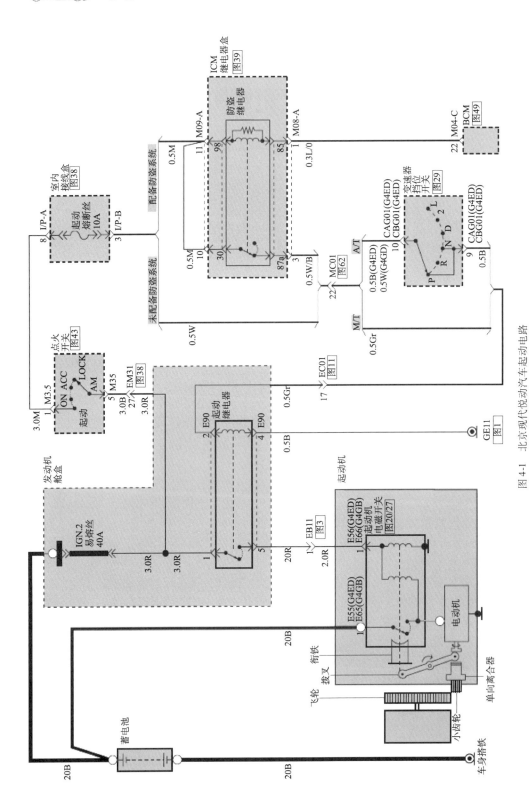

图 4-1 北京现代悦动汽车起动电路

单元四 车辆典型系统电路图识读

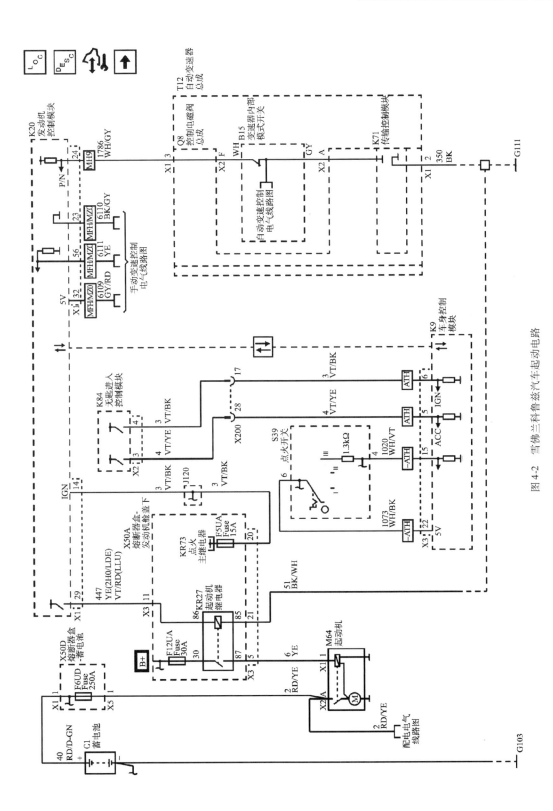

图 4-2 雪佛兰科鲁兹汽车起动电路

该车起动电路已经由传统的开关控制电路改进为控制单元控制,即所有关于影响起动机工作的条件,以信号的形式输入至发动机控制模块K20,发动机控制模块计算判断后输出电压控制起动继电器线圈的通电与断电。

雪佛兰科鲁兹起动电路工作情况分析如下。

起动机小齿轮工作需满足:

起动继电器开关闭合,使蓄电池B+给起动机的吸合线圈和保持线圈供电,起动机机械运动促使内部电磁开关闭合,蓄电池B+同时给电机供电,起动机旋转工作。

起动机继电器工作需满足:

(1)车身控制模块得到点火开关的"起动"信号并通过通信线路送至发动机控制模块,如车辆采用无钥匙起动配置,则车身控制模块得到行车制动器信号和按钮"起动"信号并发送至发动机控制模块。

(2)发动机控制模块得到点火主继电器电压信号。

(3)发动机得到离合器位置开关信号,如车辆采用自动变速器,则发动机控制单元得到变速器内部式开关信号。

(4)防盗控制等其他信号。

以配备自动变速器,但未配备无钥匙起动的起动电路为例,其工作过程为:点火开关三挡位置起动信号/点火主继电器电压信号/变速器P、N位置信号/其他信号→发动机控制单元。

发动机控制单元根据接收的信号判断是否满足起动条件,条件满足后控制输出工作电压至起动继电器控制线圈,即发动机控制单元→起动机继电器线圈→搭铁。

起动继电器线圈供电,产生磁场吸合继电器开关,即蓄电池→F12UA熔断丝→起动机吸合/保持线圈→搭铁。

小齿轮与飞轮啮合,起动机电磁开关闭合,即蓄电池→F6UD熔断丝→起动机电磁开关→电机→搭铁。

课题二 发动机控制系统电路图识读

发动机控制系统电路识读主要包括控制单元电源电路识读、传感器和执行器电路识读、信号通信传输电路识读等,其中信号通信传输电路一般在通信系统中查询识读。

一、雪佛兰科鲁兹发动机控制系统电路

雪佛兰科鲁兹发动机控制系统电路主要由控制单元、传感器和执行器、蓄电池、点火开关、继电器、熔断丝、连接器和导线等组成。

1. 控制单元电源电路

控制单元电源电路如图4-2和4-3所示,识读内容主要包括控制单元常电源电路、点火开关控制电源电路和搭铁电路等。

控制单元电源电路工作情况分析如下。

单元四 车辆典型系统电路图识读

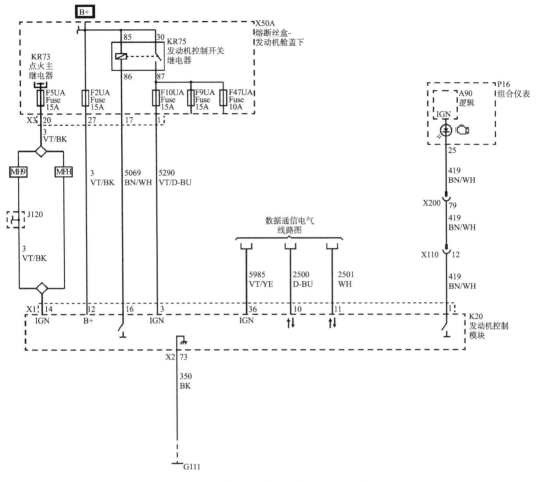

图4-3 雪佛兰科鲁兹发动机控制单元电源电路(一)

发动机控制单元常电源电路：

如图4-3，蓄电池B+→F2UA熔断丝→发动机控制模块K20中X1连接器的12号端子。

发动机控制单元搭铁电路：

如图4-3，发动机控制模块K20中X2连接器的73号端子→G111搭铁点。

点火开关控制电源电路：

如图4-4，点火开关ON或START信号→车身控制模块K9，经计算判断后控制输出→点火主继电器KR73控制线圈→G101搭铁点，继电器负载开关闭合。

蓄电池B+→点火主继电器KR73负载开关→F5UA熔断丝→发动机控制模块K20中X1连接器的14号端子(图4-3)。

2. 传感器/执行器电路

如图4-5所示，传感器和执行器电路的识读要读懂它们与熔断丝、继电器、开关、连接器、控制单元等的线路连接关系，重点通过查阅电路图资料或维修手册，清楚传感器和执行器各导线的性质和连接状态，下面以质量空气流量传感器和歧管绝对压力传感器电路举例说明。

69

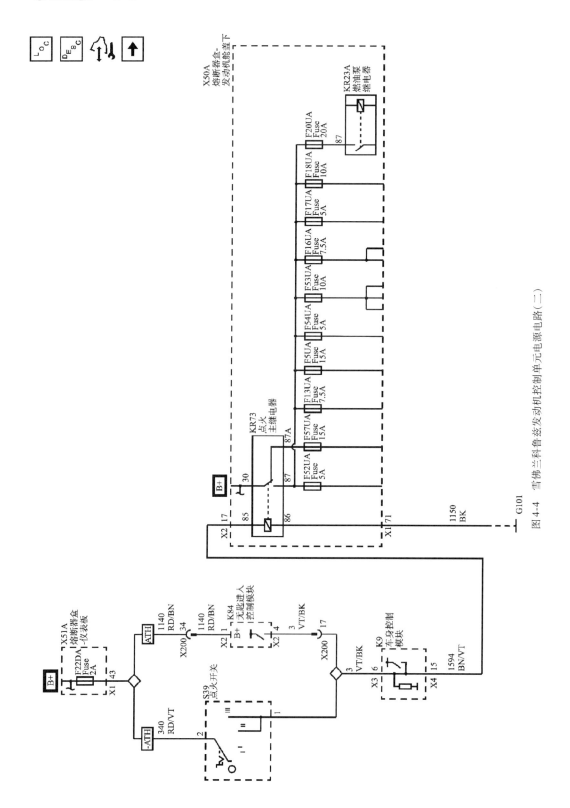

图 4-4 雪佛兰科鲁兹发动机控制单元电源电路(二)

单元四 车辆典型系统电路图识读

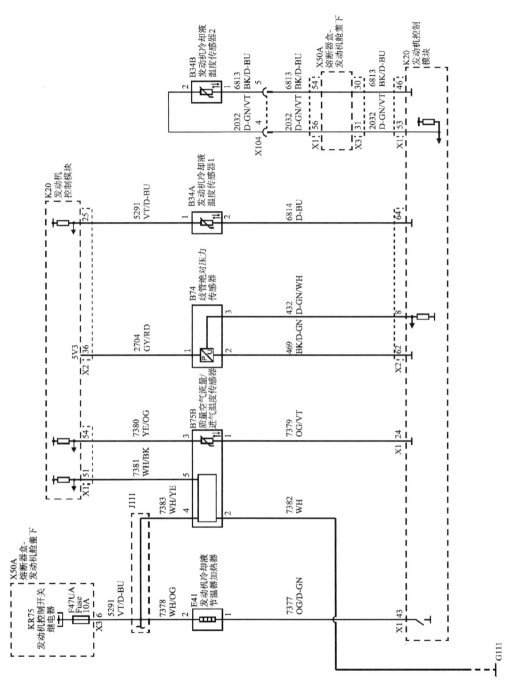

图4-5 雪佛兰科鲁兹发动机控制单元传感器和执行器电路

控制单元传感器电路工作情况分析如下。

质量控制流量传感器电路：

如图4-5所示，根据该车电路图符号所表示的含义可知，质量空气流量传感器的4号线是由F47UA熔断丝提供的12V蓄电池电源，2号线为与车身搭铁的地线，5号线是与发动机控制模块相连接的信号线。

歧管绝对压力传感器电路：

如图4-5所示，根据该车电路图符号所表示的含义可知，1号线是由发动机控制模块提供的5V电源线，2号线是通过发动机控制模块搭铁的地线，3号线是与发动机控制模块相连接的信号线。

二、大众途安发动机控制系统电路

所有发动机控制系统电路的组成基本相同，但由于各汽车厂商绘制电路图的方式不同，读图方法会有很大区别，下面以途安发动机控制系统电路举例说明。

1. 控制单元电源电路

控制单元电源电路如图4-6～图4-10所示，识读内容主要包括控制单元常电源电路、总线端15供电继电器控制电源电路、总线端30供电继电器控制电源电路和搭铁电路等。

2. 控制单元电源电路工作情况分析如下

发动机控制单元常电源电路：

由图4-6可知，线路a是与蓄电池正极直接相连接的常电源线路。

由图4-7可知，线路b通过J329与线路a直接相连接，为常电源电路。

所以，结合图4-9，发动机控制单元常电源电路为蓄电池→线路a→线路b→SB26熔断丝→发动机控制单元J220中T80连接器的15号端子。

发动机控制单元搭铁电路：

如图4-9，发动机控制单元J220中T80连接器的28号端子→607搭铁点。

总线端15供电继电器控制电源电路：

当总线端15供电继电器满足工作条件时，车载网络控制单元J519输出工作电压→T40/15→3/86→继电器线圈→4/85→T40/6→655搭铁点，继电器负载开关闭合。

蓄电池→线路a→1/30→负载开关→2/87→线路c→SB40熔断丝→T40/19→SC26熔断丝（见图4-9）→T12b/1连接器→发动机控制单元J220中T80连接器的4号端子。

总线端30供电继电器控制电源电路：

当总线端30供电继电器满足工作条件时，发动机控制单元J220控制继电器线圈搭铁（见图4-10），该继电器线圈工作过程为蓄电池→线路a→线路b→SB26熔断丝→T26/7（见图4-8）→3/86→继电器线圈→4/85→T26/4→发动机控制单元J220中T80连接器的9端子，控制搭铁，继电器负载开关闭合。

蓄电池→线路a→线路b→1/30→继电器负载开关→2/87→SB11熔断丝→线路d→发动机控制单元J220中T80连接器的27端子。

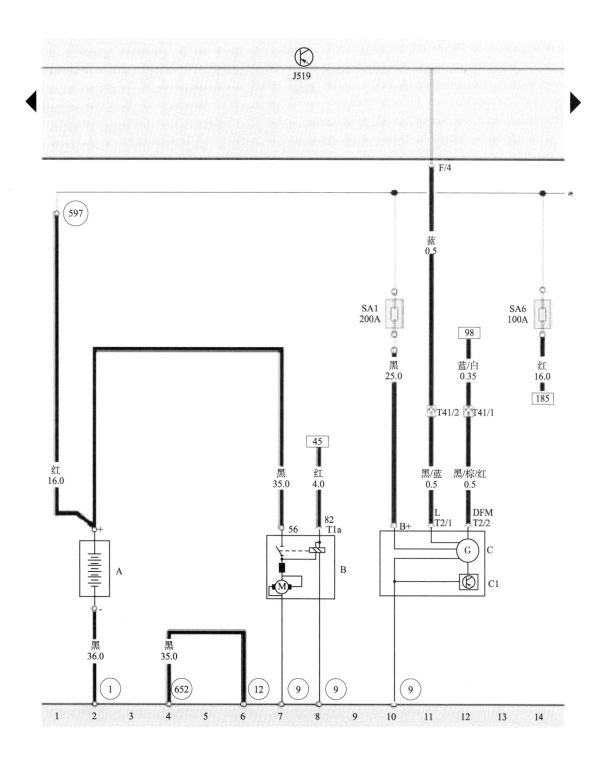

图4-6 大众途安发动机控制单元电源电路(一)

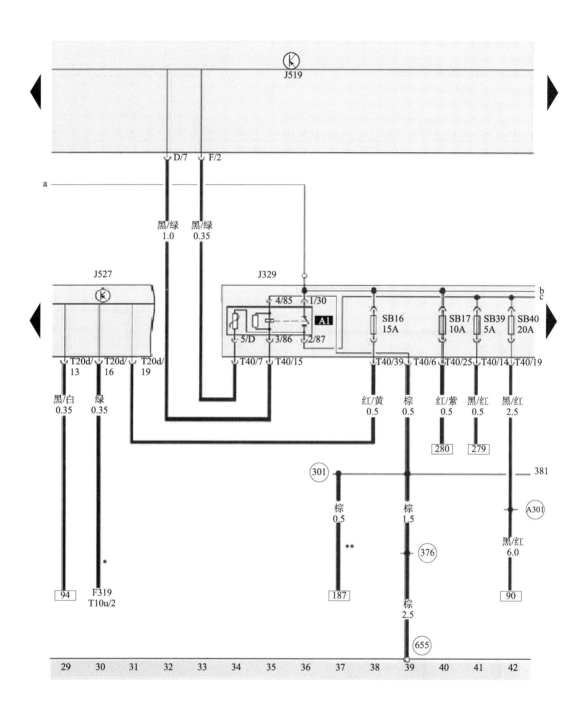

图 4-7 大众途安发动机控制单元电源电路(二)

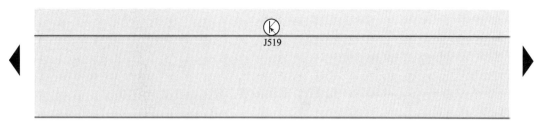

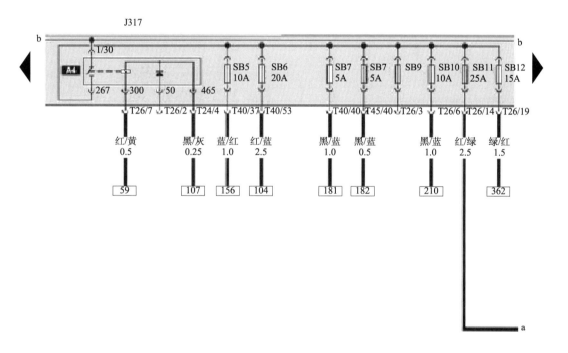

图4-8 大众途安发动机控制单元电源电路(三)

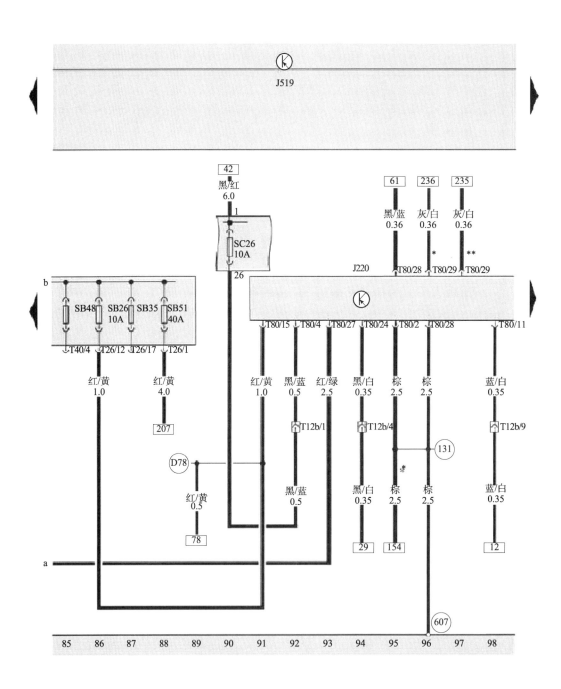

图4-9 大众途安发动机控制单元电源电路(四)

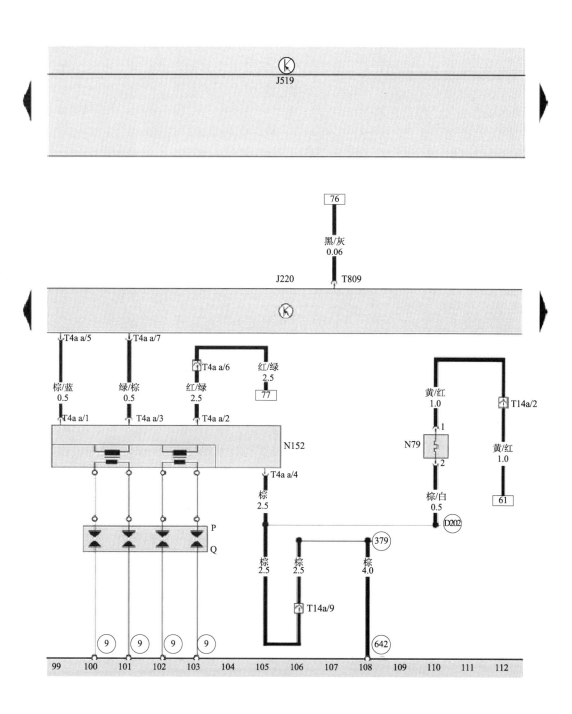

图4-10 大众途安发动机控制单元电源电路(五)

课题三　车窗升降系统电路图识读

车窗升降系统根据控制方式不同,可以分为传统开关控制和控制单元控制,因此,其电路图的识读方法也有所不同。不管采用哪种控制方式,在电路识读前必须熟悉车窗升降的各种功能和各开关的控制过程。

一、丰田卡罗拉车窗升降系统电路

丰田卡罗拉车窗升降系统主要采用传统开关控制方式,其由车窗电动机、车窗开关、车窗控制单元(主要负责控制驾驶员侧车窗)、熔断丝及易熔丝、导线、连接器、车窗玻璃、传动机构等组成。

车窗升降系统电路工作情况分析如下。

汽车车窗玻璃的升降是通过改变车窗电动机的电流方向实现的,所以车窗电动机连接器的两个针脚"正负极"状态是随着开关控制交替变化的,当一端针脚为正极时,另一端针脚必定为负极,而当需要改变车窗运动方向时,原来的正极端变为负极,原来的负极端则变成正极,从而改变经过车窗电动机的电流方向。车窗控制电路电源如图4-11所示。

卡罗拉左前车窗由一个控制单元(CPU)进行控制,它通过接收车窗开关信号,经处理判断后对车窗电动机发出控制指令,实现车窗"手控上升""手控下降""一键自动上升""一键自动下降"等功能。左前车窗电路如图4-12所示。

右前/左后/右后车窗的升降由车窗开关直接控制实现,即车窗电动机的电流方向有相应车窗开关控制实现,而非通过控制单元。右前/左后/右后车窗电路如图4-13所示。

如图4-11所示,当车身控制单元(E61)通过控制继电器(PWR Relay)工作时,通过继电器负载开关及左后车窗熔断丝(RL door)/右后车窗熔断丝(RR door)/右前车窗易熔丝(POWER),将蓄电池电源提供至相应车窗开关电源端子,为各扇车窗的工作做好准备。

驾驶员侧车窗电路工作过程:

如图4-12所示,当驾驶员操作左前车窗开关(I3)升降时,通过up/down/quto三根信号线将不同的电压信号送至左前车窗控制单元(I6),控制单元根据信号不同控制车窗电动机实现不同的升降功能。

左前车窗开关及左前车窗控制单元(包括电机)要满足工作要求必须为其提供形成回路的电源,其中蓄电池正极通过FR DOOR熔断丝为左前控制单元供电,左前开关的电源正极来自POWER易熔丝。图示两连接器1号针脚均为地线,直接与车身搭铁。

右前/左后/右后车窗电路工作过程:

右前/左后/右后车窗的控制方式相同,即工作过程相同,下面仅以右前车窗举例说明。

如图4-13所示,右前车窗开关(H7)为静止的未工作状态,其连接器共有5根导线连接,其中两根与右前车窗电动机(H8)相连接,两根与左前车窗开关(I3)相连接,3号导线是与POWER易熔丝相连接的电源线。

当未操作任何开关时,车窗电动机两端通过左前开关及右前开关后都与地线相通,因为电动机两端相同电位,车窗电动机不工作。

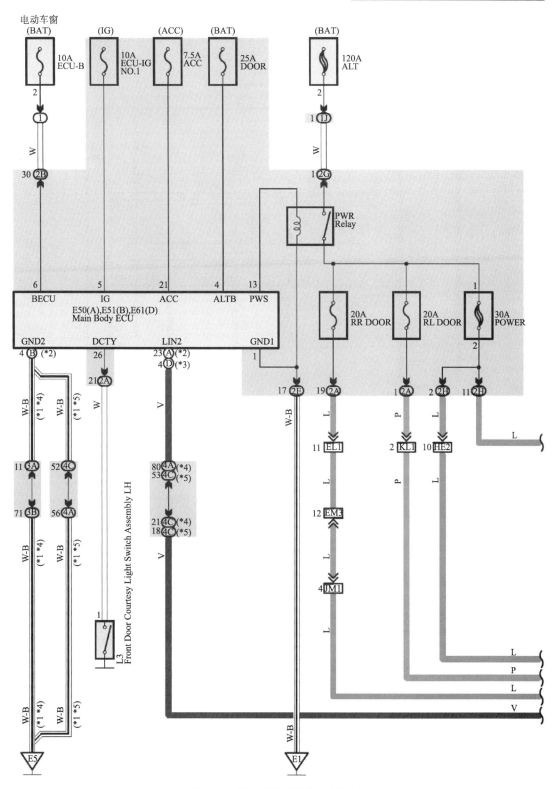

图 4-11 丰田卡罗拉车窗控制电源电路

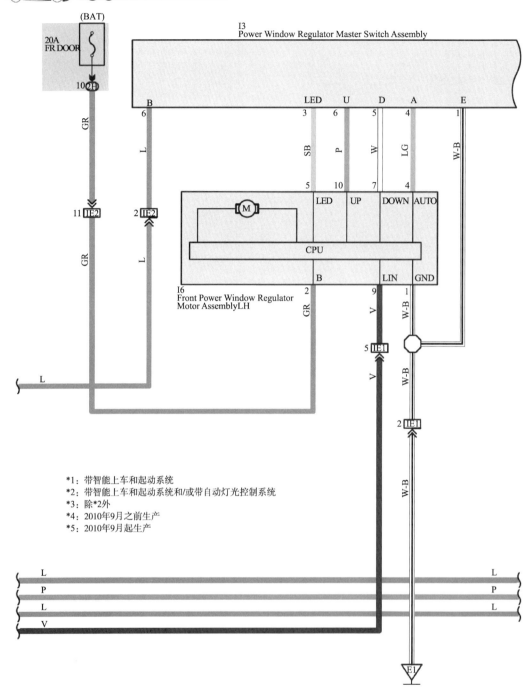

图4-12 丰田卡罗拉左前车窗控制电路

当左前开关控制右前车窗上升时,右前开关如图所示维持静止常态,左前开关16号针脚提供电源正极,15号针脚维持地线,右前车窗电动机工作控制车窗上升。反之,左前开关15号针脚与电源正极接通,16号针脚维持地线,右前车窗电动机电流方向流通,电动机反转控制车窗下降。

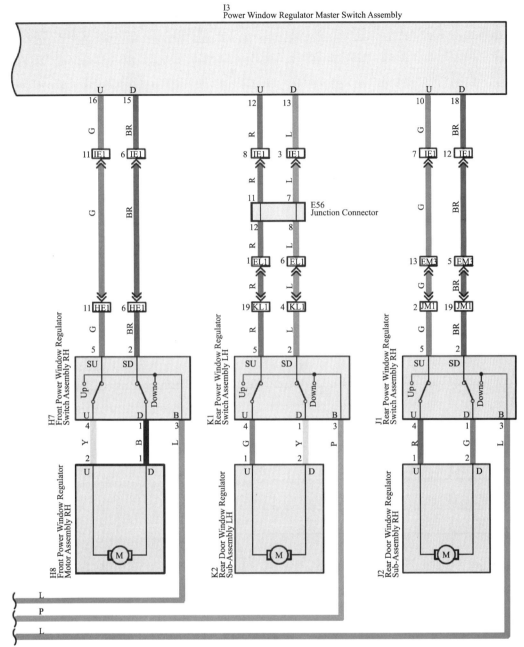

图 4-13　丰田卡罗拉右前/左后/右后车窗控制电路

当右前开关控制右前车窗上升时，左前开关处于静态位置，即 15 号和 16 号针脚导线通过左前开关形成地线。右前开关左半部触点与"UP"接通，右半部维持静止状态，此时电流流通路径为：POWER 易熔丝→右前开关 3 号针脚→"UP"触点→右前开关 4 号针脚→右前车窗电动机 2 号针脚→电动机→右前车窗电动机 1 号针脚→右前开关 1 号针脚→维持静态的开关→右前开关 2 号针脚→左前开关 15 针脚→搭铁。

当右前开关控制右前车窗下降时，左前开关处于静态位置，即 15 号和 16 号针脚导线通过左前开关形成地线。右前开关右半部触点与"DOWN"接通,左半部维持静止状态,此时电流流通路径为:POWER 易熔丝→右前开关 3 号针脚→"DOWN"触点→右前开关 1 号针脚→右前车窗电动机 1 号针脚→电动机→右前车窗电动机 2 号针脚→右前开关 4 号针脚→维持静态的开关→右前开关 5 号针脚→左前开关 16 针脚→搭铁。

二、雪佛兰科鲁兹车窗升降系统电路

雪佛兰科鲁兹车窗升降系统采用车身控制单元进行控制,其控制过程主要是通过通信线收集车窗开关信号,经计算判断后再通过通信线发出控制指令,控制车窗电动机工作。其由车窗电动机、车窗开关、车身控制模块、熔断丝及易熔丝、导线、连接器、车窗玻璃、传动机构等组成。

车窗升降系统电路工作情况分析如下。

雪佛兰科鲁兹车窗电路如图 4-14～图 4-16 所示。

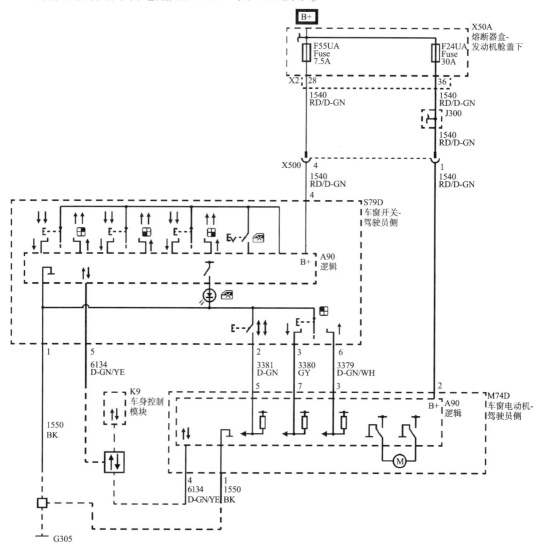

图 4-14　左前车窗电路

单元四　车辆典型系统电路图识读

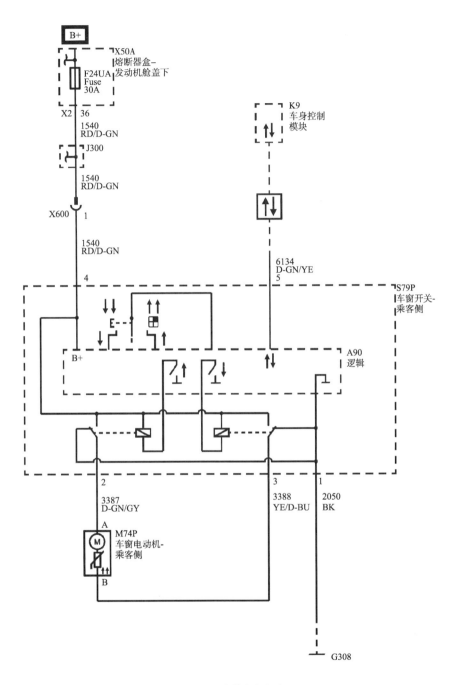

图 4-15　右前车窗电路

科鲁兹车窗开关除了能够根据驾驶员的操作意图产生相应的开关信号,同时还是一个逻辑单元,通过 LIN 通信线向车身控制单元发送车窗开关信号,当车身控制单元向车窗开关逻辑单元发送车身升降指令时,车窗开关逻辑单元控制开关内部继电器工作,从而实现对车窗电动机的电流方向控制。

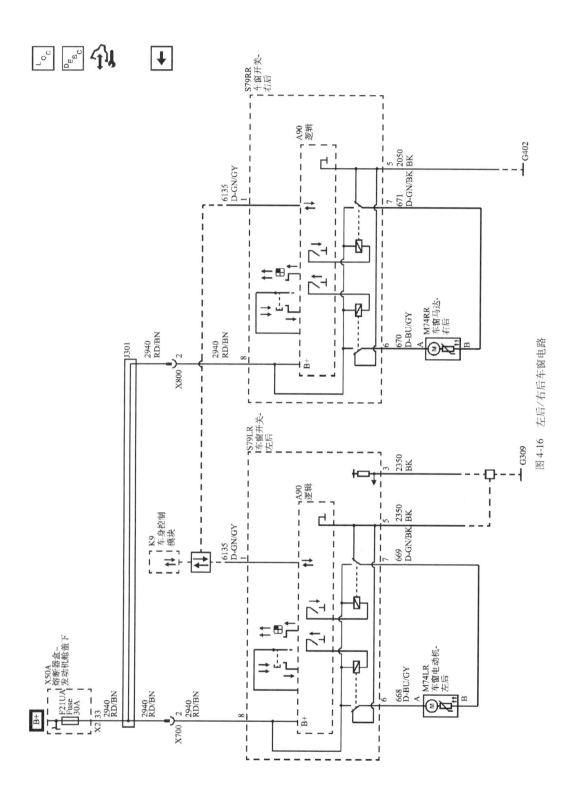

图 4-16 左后/右后车窗电路

左前车窗开关控制过程：

左前车窗开关共有 4 个按钮,其中控制左前车窗升降的按钮开关工作原理与灯光开关工作原理相同,其功能包括手动控制上升/下降和一键控制上升/下降。

当驾驶员控制左前车窗手动下降时,S79D/2 和 S79D/6 触点开关断开,车窗电动机 M74D 逻辑单元得到两个内部提供的参考电压,S79D/3 触点闭合与 S79D/1 接地触点导通,车窗电动机 M74D 逻辑单元得到一个 0V,逻辑单元接收开关信号状态,并将该信号通过 M74D/4 的 LIN3 线端子传给车身控制单元 K9,经其计算判断后再由 LIN3 线将控制命令信号传给车窗电动机 M74D 逻辑单元,逻辑单元控制左前车窗电动机下降；当驾驶员控制左前车窗一键下降时,S79D/6 触点开关断开,车窗电动机 M74D 逻辑单元得到一个内部提供的参考电压,S79D/2 和 S79D/3 触点闭合与 S79D/1 接地触点导通,车窗电动机 M74D 逻辑单元得到两个 0V,逻辑单元接收开关信号状态,并将该信号通过 M74D/4 的 LIN3 线端子传给车身控制单元 K9,经其计算判断后再由 LIN3 线将控制命令信号传给车窗电动机 M74D 逻辑单元,逻辑单元控制左前车窗电动机自动下降到极限位置。手动上升控制和一键上升的控制原理相同,不再重复说明。

当驾驶员通过左前开关控制右前/左后/右后车窗工作时,触点开关信号首先传给左前开关 S79D 的逻辑单元,再通过 S79D/5 的 LIN3 线端子传给车身控制模块 K9,车身控制模块 K9 经计算判断后将控制指令通过 LIN3 通信线传给右前车窗开关逻辑单元,或通过 LIN4 通信线传给左后和右后车窗开关逻辑单元,再由该逻辑单元控制开关内部继电器实现对车窗电动机的控制。

右前/左后/右后车窗开关控制过程：

当乘客操作右前/左后/右后车窗开关时,触点开关信号首先传给相应车窗开关的逻辑单元,再通过 LIN 线端子传给车身控制模块 K9,车身控制模块 K9 经计算判断后将控制指令通过 LIN3 通信线传给右前车窗开关逻辑单元,或通过 LIN4 通信线传给左后和右后车窗开关逻辑单元,再由该逻辑单元控制开关内部继电器实现对车窗电动机的控制。

课题四　灯光控制系统电路图识读

灯光控制系统根据控制方式不同,可以分为传统开关控制和控制单元控制,因此,其电路图的识读方法也有所不同。不管采用哪种控制方式,在电路识读前必须熟悉灯光系统的各种功能和各开关的控制过程。

一、北京现代悦动灯光控制系统电路

2009 款北京现代悦动灯光控制系统主要采用传统开关控制方式,其由灯珠、灯光开关、车身控制单元(主要负责控制前照灯)、继电器、熔断丝、导线、连接器等组成。

该电路图的识读要点主要是掌握灯光开关如何控制相关继电器线圈通电工作。

1. 前照灯电路

前照灯电路如图 4-17 所示。

灯光控制系统电路工作情况分析如下。

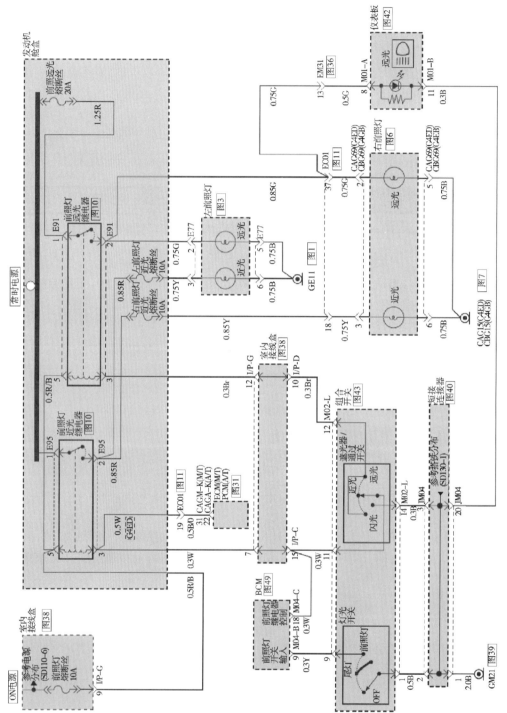

图 4-17 北京现代悦动前照灯电路

近光灯工作电路：

打开近光灯开关,BCM 的"前照灯开关输入"端子 M04-B/9→组合开关端子 M02-L/9→灯光开关中的"前照灯"→组合开关端子 M02-L/1→GM21 搭铁,BCM 接收到开关搭铁信号,判断开启近光灯,控制前照灯近光继电器线圈搭铁。

点火开关控制电源→前照灯熔断丝→前照灯近光继电器控制线圈→室内接线盒 I/P-G/7→I/P-C/15 →BCM 的"前照灯继电器控制"端子 M04-C/18→通过 BCM 搭铁,继电器线圈通电工作,负载开关闭合。

常时电源→前照灯近光继电器负载开关→右前照灯近光熔断丝和左前照灯近光熔断丝→右前照灯近光灯珠和左前照灯近光灯珠→GAG15 和 GE11 搭铁,左右近光灯点亮。

远光灯工作电路：

开启远光灯,首先必须打开近光灯,即 BCM 的"前照灯继电器控制"端子 M04-C/18 控制搭铁。点火开关控制电源→前照灯熔断丝→前照灯远光继电器控制线圈→室内接线盒 I/P-G/12→I/P-D/10 →组合开关端子 M02-L/12→遮光器/通过开关中的"远光"→组合开关端子 M02-L/11→室内接线盒 I/P-C/15→BCM 的"前照灯继电器控制"端子 M04-C/18→通过 BCM 搭铁,继电器线圈通电工作,负载开关闭合。

常时电源→前照灯远光熔断丝→前照灯远光继电器负载开关→右前照灯远光灯珠和左前照灯远光灯珠→GAG15 和 GE11 搭铁,左右远光灯点亮,同时仪表板远光指示灯点亮。

闪光灯工作电路：

拨动闪光灯开关,使开关处于闭合位置时,点火开关控制电源→前照灯熔断丝→前照灯远光继电器控制线圈→室内接线盒 I/P-G/12→I/P-D/10 →组合开关端子 M02-L/12→遮光器/通过开关中的"远光"→遮光器/通过开关中的"闪光"→组合开关端子 M02-L/14→GM21 搭铁,继电器线圈通电工作,负载开关闭合。

常时电源→前照灯远光熔断丝→前照灯远光继电器负载开关→右前照灯远光灯珠和左前照灯远光灯珠→GAG15 和 GE11 搭铁,左右远光灯点亮,同时仪表板远光指示灯点亮。

当释放闪光灯开关,开关触点回位,远光灯熄灭关闭。

2. 雾灯电路

雾灯电路如图 4-18 所示。

雾灯控制电路工作情况分析如下。

前雾灯工作电路：

图 4-18 中有传统开关控制和 BCM 控制单元控制的两种配置前雾灯电路,下面以传统开关控制的前雾灯电路举例说明。

通过电路图可知,开启前雾灯,必须先开启尾灯,即尾灯继电器负载开关闭合,其工作过程可参考"尾灯/小灯/牌照灯电路"。

常时电源 B+1 易熔丝→舱内接线盒 I/P-H/2→尾灯继电器负载开关→右尾灯熔断丝→室内接线盒 IP-G/4→雾灯继电器控制线圈→CM31/5→组合开关 M02-L/2→前雾灯开关→组合开关 M02-L/3→GM21 搭铁,继电器线圈通电工作,负载开关闭合。

常时电源→前雾灯熔断丝→雾灯继电器负载开关→左/右前雾灯灯珠→GE11 和 GAG15 搭铁,左右前雾灯点亮,同时仪表板前雾指示灯点亮。

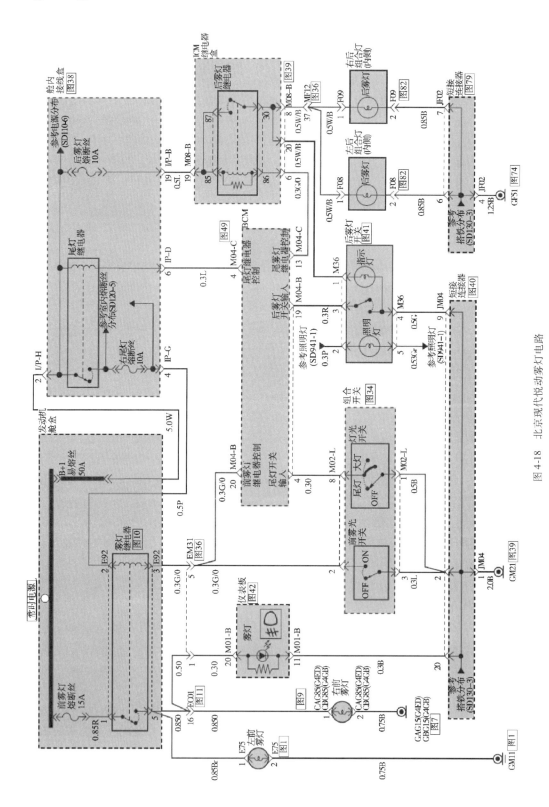

图 4-18 北京现代悦动雾灯电路

后雾灯工作电路：

由电路图可知，后雾灯只通过 BCM 控制单元进行控制。BCM 控制后雾灯继电器工作的条件是：首先 BCM 接收到尾灯开启信号；打开后雾灯开关。

BCM 的"后雾灯开关输入"端子 M04-B/19→后雾灯开关 M36/3→M36/4→GM21 搭铁，BCM 接收到搭铁信号，判断雾灯开关闭合，经计算判断后控制后雾灯继电器线圈搭铁工作。

常时电源→B+1 易熔丝→舱内接线盒端子 I/P-H/2→后雾灯熔断丝→ICM 继电器盒端子 M08-B/19→后雾灯继电器控制线圈→ICM 继电器盒端子 M08-B/6→BCM 的"尾雾灯继电器控制"端子 M04-C/13，BCM 控制搭铁，继电器线圈通电工作，负载开关闭合。

常时电源→B+1 易熔丝→舱内接线盒端子 I/P-H/2→后雾灯熔断丝→ICM 继电器盒端子 M08-B/19→后雾灯继电器负载开关→ICM 继电器盒端子 M08-B/8→左右后雾灯灯珠→GF51 搭铁，后雾灯点亮，同时指示灯点亮。

3. 转向灯/危险警告灯电路

雾灯电路如图 4-19 所示。

转向灯/危险警告灯电路工作情况分析如下。

左转向灯工作电路：

如图 4-20，组合开关中的转向灯开关置于"左"位置，闪光器控制其开关按设定频率打开和关闭，实现转向灯电路的通断控制，其电流流通路径为：ON 或 START 电源→转向灯熔断丝→舱内接线盒 I/P-A/3→危险警告灯开关 M33/5→开关"OFF"位置→电路图线路连接符号"C"（连接下一张图中标有 C 的三角图形符号位置）→闪光器 M25/2→闪光器开关→闪光器 M25/1→组合开关 M02-L/4→转向灯开关"左"位置→组合开关 M02-L/5→舱内接线盒 I/P-B/10→舱内接线盒 I/P-G/6、舱内接线盒 I/P-F/26 和舱内接线盒 I/P-B/22（电路图中通过标有 D 的三角图形符号由图 4-20 连接至图 4-19）→左侧各转向灯和仪表板指示灯→各搭铁点。

右转向灯工作电路：

如图 4-20，组合开关中的转向灯开关置于"左"位置，闪光器控制其开关按设定频率打开和关闭，实现转向灯电路的通断控制，其电流流通路径为：ON 或 START 电源→转向灯熔断丝→舱内接线盒 I/P-A/3→危险警告灯开关 M33/5→开关"OFF"位置→电路图线路连接符号"C"（连接下一张图中标有 C 的三角图形符号位置）→闪光器 M25/2→闪光器开关→闪光器 M25/1→组合开关 M02-L/4→转向灯开关"右"位置→组合开关 M02-L/6→舱内接线盒 I/P-C/17→舱内接线盒 I/P-C/6、舱内接线盒 I/P-C/18 和舱内接线盒 I/P-F/11（电路图中通过标有 E 的三角图形符号由图 4-20 连接至图 4-19）→右侧各转向灯和仪表板指示灯→各搭铁点。

危险警告灯工作电路（未配备防盗系统）：

如图 4-19，按下危险警告灯开关至"ON"位置，车辆所有转向灯应以相同频率闪烁，其工作电路主要分为三部分识读。

①共用线路部分：常时电源→危险警告灯熔断丝→舱内接线盒 I/P-D/14→危险警告灯开关 M33/7→开关 ON 位置→危险警告灯开关 M33/8→闪光器 M25/2→闪光器控制开关→闪光器 M25/1（连接至图中标有 B 的三角图形符号位置）。

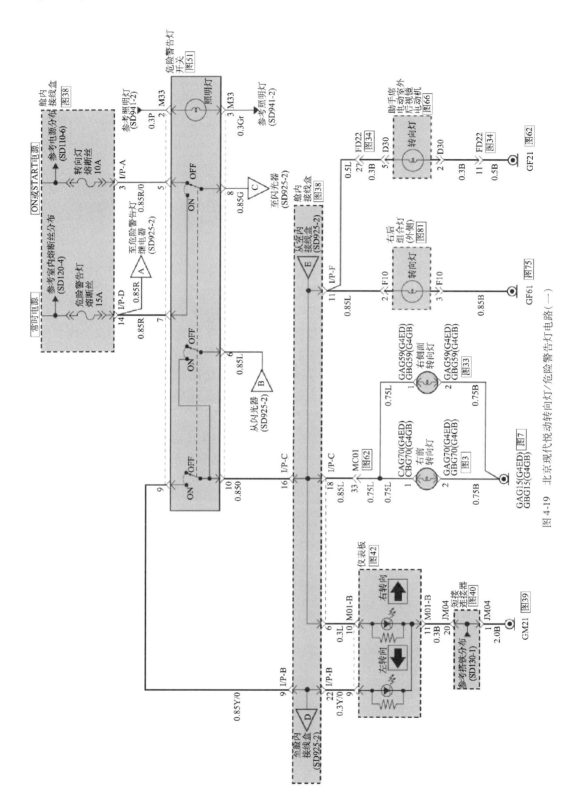

图4-19 北京现代悦动转向灯/危险警告灯电路（一）

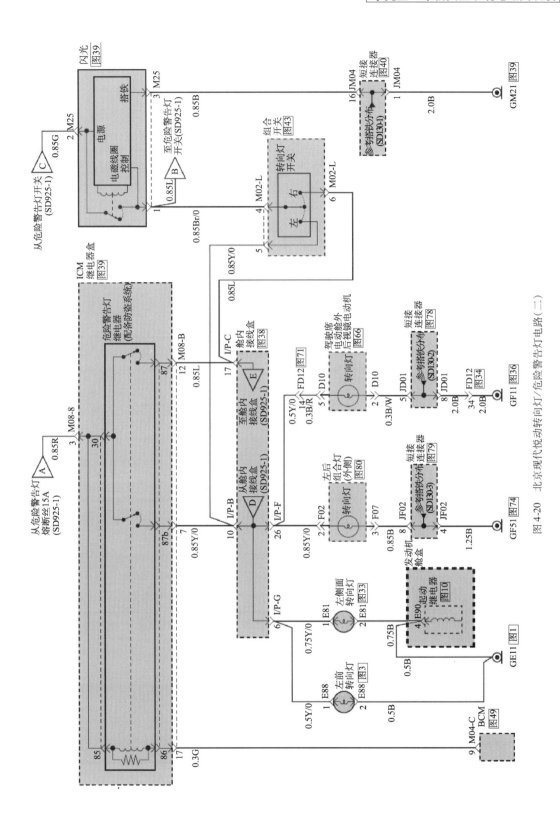

图 4-20 北京现代悦动转向灯/危险警告灯电路（二）

②左侧危险警告灯电路：危险警告灯开关 M33/6→开关 ON 位置→开关 ON 位置→危险警告灯开关 M33/9→舱内接线盒 I/P-B/9→舱内接线盒 I/P-G/6、舱内接线盒 I/P-F/26 和舱内接线盒 I/P-B/22→左侧各转向灯和仪表板指示灯→各搭铁点。

③右侧危险警告灯电路：危险警告灯开关 M33/6→开关 ON 位置→危险警告灯开关 M33/10→舱内接线盒 I/P-B/16→舱内接线盒 I/P-C/6、舱内接线盒 I/P-C/18 和舱内接线盒 I/P-F/11→右侧各转向灯和仪表板指示灯→各搭铁点。

防盗警告灯工作电路（配备防盗系统）：

如图 4-20，当防盗系统被触发时，BCM 控制危险警告灯继电器线圈按照设定频率通断工作，其负载开关反复闭合和断开，其电流流通路径为：

常时电源→危险警告灯熔断丝→舱内接线盒 I/P-D/14→ICM 继电器盒 M08-B/3→危险警告灯继电器控制线圈→ICM 继电器盒 M08-B/17→BCM 的连接器端子 M04→C/9→搭铁工作。

常时电源→危险警告灯熔断丝→舱内接线盒 I/P-D/14→ICM 继电器盒 M08-B/3→危险警告灯继电器负载开关→ICM 继电器盒 M08-B/7→舱内接线盒 I/P-B/10→舱内接线盒 I/P-G/6、舱内接线盒 I/P-F/26 和舱内接线盒 I/P-B/22→左侧各转向灯和仪表板指示灯→各搭铁点。

常时电源→危险警告灯熔断丝→舱内接线盒 I/P-D/14→ICM 继电器盒 M08-B/3→危险警告灯继电器负载开关→ICM 继电器盒 M08-B/12→舱内接线盒 I/P-C/17→舱内接线盒 I/P-C/6、舱内接线盒 I/P-C/18 和舱内接线盒 I/P-F/11→右侧各转向灯和仪表板指示灯→各搭铁点。

4. 倒车灯电路

倒车灯电路如图 4-21 所示。

倒车灯电路工作情况分析如下。

根据车辆配置不同，倒车灯分为倒车灯开关控制（用于手动挡车辆）和变速器挡位开关控制（用于自动挡车辆），识读方法相同，根据配置不同选择相对应线路识读，下面以自动挡车辆举例说明。

变速器挡位开关置于"R"位置，ON 或 START 电源→倒车灯熔断丝→EC01/33→选择"A/T"线路→变速器挡位开关 CAG01/8→R 位置→变速器挡位开关 CAG01/7→MC01/8→舱内接线盒 I/P-D/15→舱内接线盒 I/P-F/13 和 I/P-F/14→左右后倒车灯→GF51 和 GF61 搭铁点。

5. 制动灯电路

制动灯电路如图 4-22 所示。

制动灯电路工作情况分析如下。

如图 4-22，踩下制动踏板时，制动灯开关闭合。

常时电源→制动灯熔断丝→舱内接线盒 I/P-B/15→MC01/35→制动灯开关（根据车辆配置不同选择识读线路）→MC01/38→高架制动灯、左后制动灯和右后制动灯→GF51 和 GF61 搭铁点。

6. 尾灯/小灯/牌照灯电路

尾灯、小灯、牌照灯电路如图 4-23 所示。

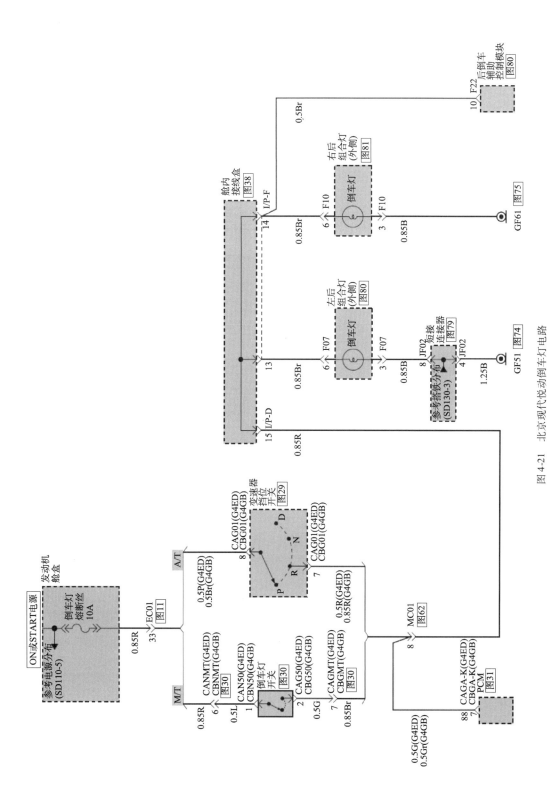

图 4-21 北京现代悦动倒车灯电路

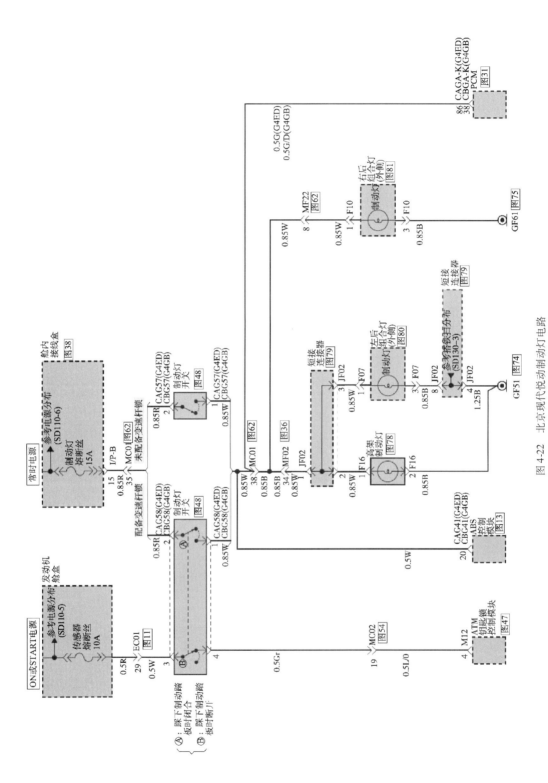

图 4-22 北京现代悦动制动灯电路

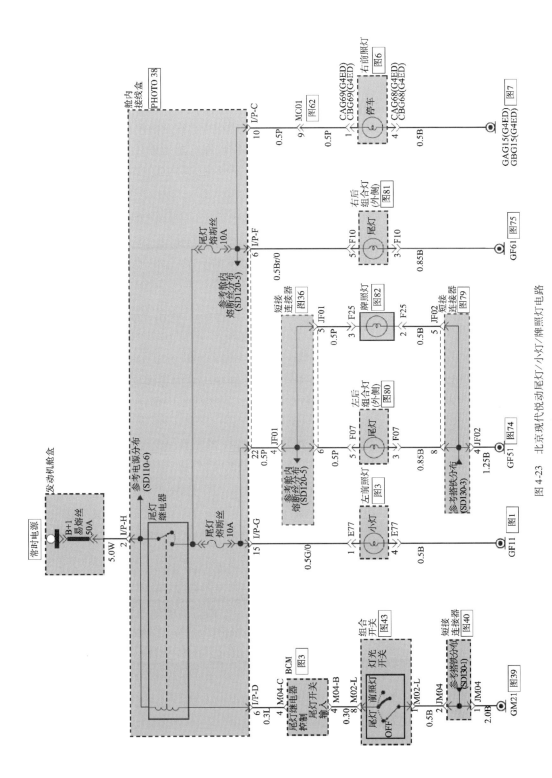

图 4-23 北京现代悦动尾灯/小灯/牌照灯电路

尾灯/小灯/牌照灯电路工作情况分析如下。

尾灯、小灯和牌照灯是由 BCM 接收开关信号,再由 BCM 控制继电器实现工作。

打开小灯开关,BCM 的"尾灯开关输入"端子 M04-B/4→组合开关 M02-L/8→灯光开关"尾灯"→组合开关 M02-L/1→GM21 搭铁。BCM 的"尾灯开关输入"端搭铁,BCM 通过计算判断,控制尾灯继电器线圈搭铁。

常时电源→B+1 易熔丝→舱内接线盒 I/P-H/2→尾灯继电器控制线圈→舱内接线盒 I/P-D/6→BCM 中的"尾灯继电器控制"端子 M04-C/4,由 BCM 控制继电器线圈搭铁,负载开关闭合。

常时电源→B+1 易熔丝→舱内接线盒 I/P-H/2→尾灯继电器负载开关→两个尾灯熔断丝→舱内接线盒 I/P-G/15、I/P-F/22、I/P-F/6、和 I/P-C/10→左右小灯、左右尾灯、牌照灯→GE11、GF51、GF61 和 GAG15 搭铁点。

7. 礼貌灯/行李舱灯电路

礼貌灯、行李舱灯电路如图 4-24 所示。

礼貌灯/行李舱灯电路工作情况分析如下。

阅读灯工作电路:

如图 4-24 所示,将阅读灯开关置于"ON"位置。

常时电源→室内灯熔断丝→舱内接线盒 I/P-F/8→FR11/3→JR01/10→JR01/8→阅读灯 R04/1→开关"ON"位置→R04/2→JR/01/3→JR01/2→FR11/6→GF11 搭铁点。

室内灯工作电路:

室内灯开关置于 ON 位置时,常时电源→室内灯熔断丝→舱内接线盒 I/P-F/8→FR11/3→JR01/10→JR01/9→室内灯 R06/3→开关"ON"位置→R06/1→JR/01/1→JR01/2→FR11/6→GF11 搭铁点。

室内灯开关置于 DOOR 位置时,常时电源→室内灯熔断丝→舱内接线盒 I/P-F/8→FR11/3→JR01/10→JR01/9→室内灯 R06/3→开关"DOOR"位置→R06/2→FR11/4→BCM 的 M04-C/1 端子。由 BCM 控制搭铁来控制室内灯点亮与熄灭,BCM 控制室内灯的判断依据如图 4-24 所示的四扇车门开关。

行李舱灯工作电路:

如图 4-24,开启行李舱后其开关闭合。

常时电源→室内灯熔断丝→舱内接线盒 I/P-F/7→JR01/11→JR01/12→行李舱灯→行李舱开关→搭铁点。

仪表板行李舱盖开启指示灯同时点亮。常时电源→室内灯熔断丝→舱内接线盒 I/P-C/12→仪表板 M01-A/13→行李舱盖开启指示灯→仪表板 M01-B/12→行李舱开关→搭铁点。

二、雪佛兰科鲁兹灯光控制系统电路

2012 款雪佛兰科鲁兹灯光控制系统采用控制单元控制方式,其由灯珠、灯光开关、车身控制模块、继电器、熔断丝、导线、连接器等组成。

该电路图的识读要点主要是车身控制模块接收各个灯光开关信号,经计算判断后再由车身控制模块直接驱动灯珠或通过继电器控制灯珠点亮和熄灭。不同灯系的电路图识读方法相同,其电路如图 4-25 至图 4-30 所示。

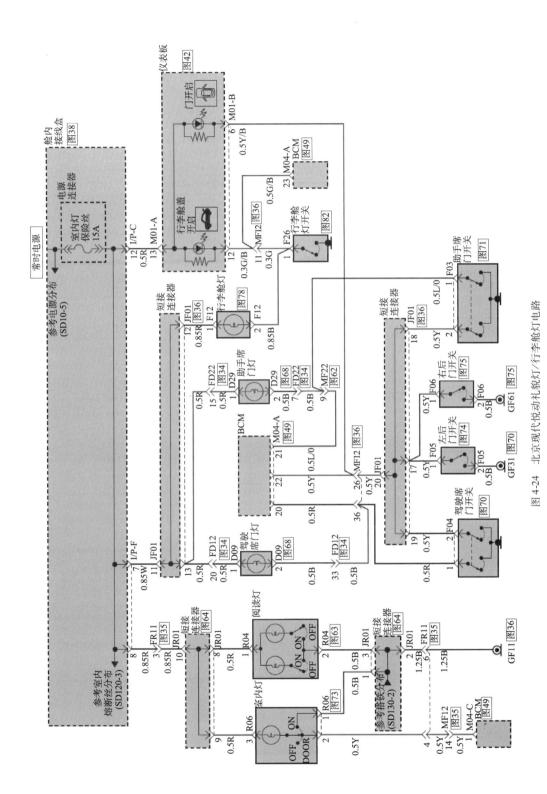

图 4-24 北京现代悦动礼貌灯/行李舱灯电路

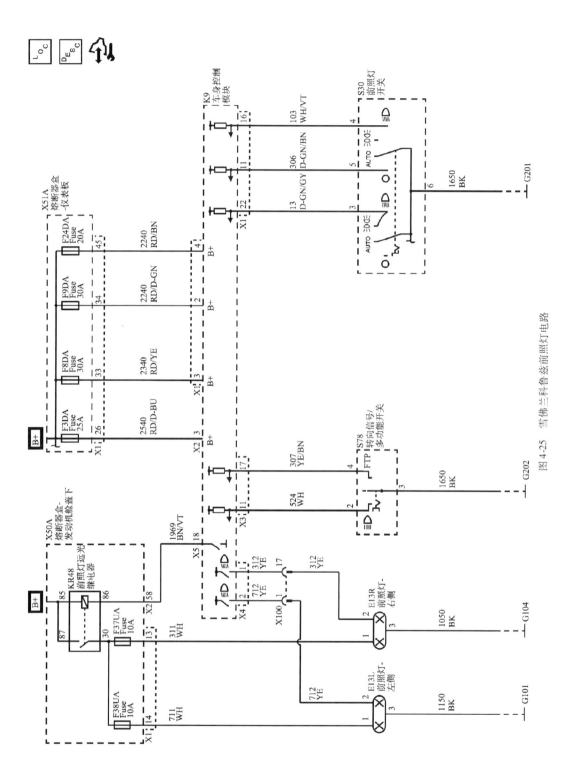

图 4-25 雪佛兰科鲁兹前照灯电路

单元四 车辆典型系统电路图识读

下面以前照灯举例说明,其他灯系电路参考前照灯电路的分析方法进行识读。
前照灯电路工作情况分析如下。
前照灯电路如图4-25～图4-27所示。

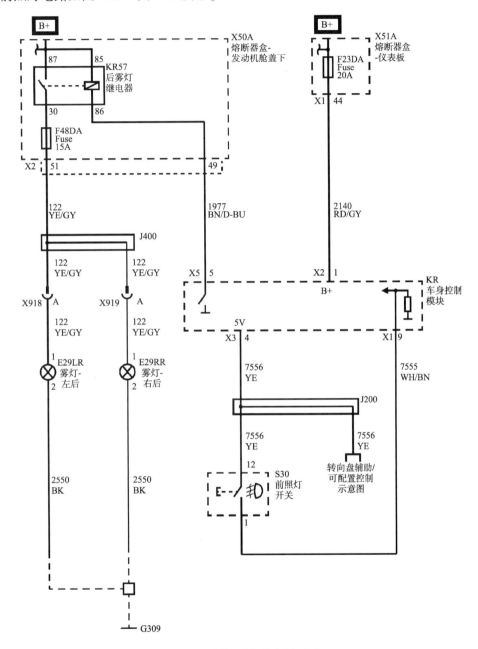

图4-26 雪佛兰科鲁兹后雾灯电路

科鲁兹的灯光系统的工作状态是通过车身控制模块(K9)控制实现的,灯光开关不同的工作状态,可以改变车身控制模块对应开关信号线端子的电压状态,从而反映驾驶员的真实意图,再由车身控制单元计算判断后,通过继电器或直接控制相应的灯珠点亮或熄灭。

99

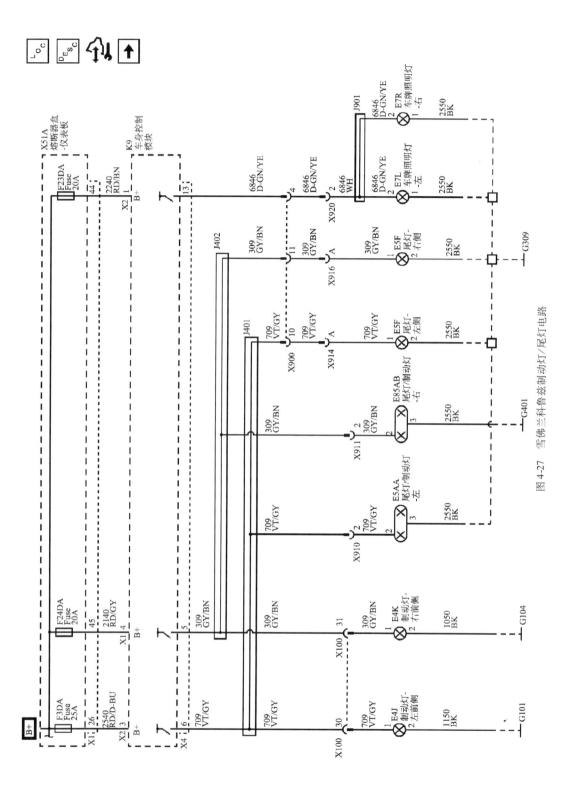

图 4-27 雪佛兰科鲁兹制动灯/尾灯电路

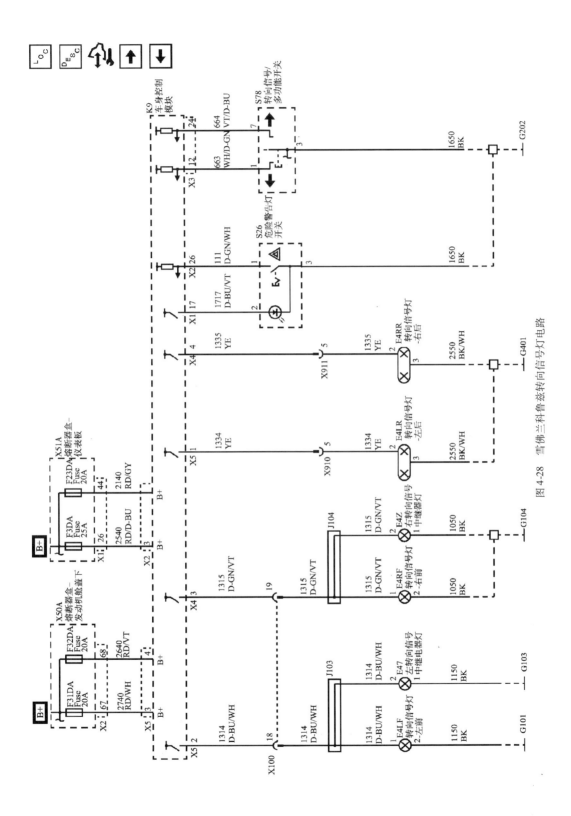

图 4-28 雪佛兰科鲁兹转向信号灯电路

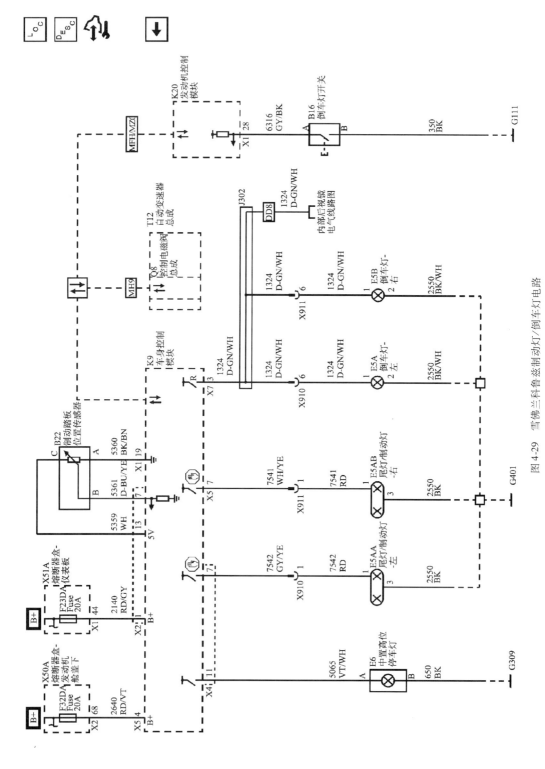

图 4-29 雪佛兰科鲁兹制动灯/倒车灯电路

单元四 车辆典型系统电路图识读

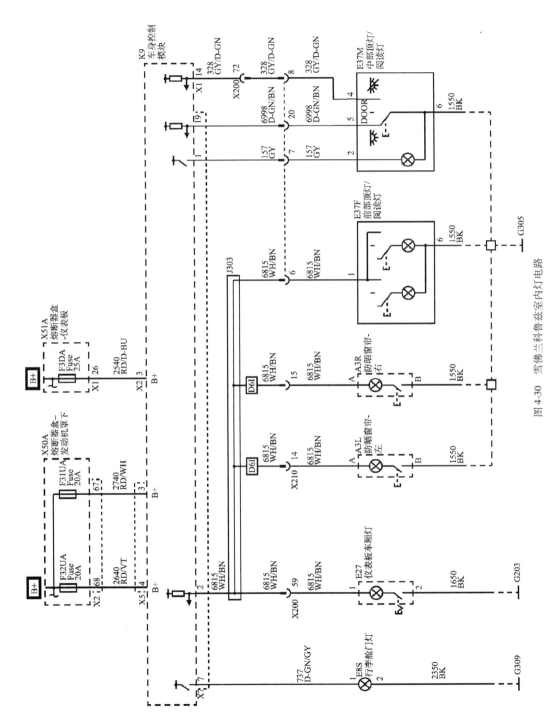

图 4-30 雪佛兰科鲁兹室内灯电路

电路图所示的开关状态为原始位置,即驾驶员未做任何操作,此时所有开关与车身控制单元相连接的导线均与地线断开,车身控制电脑得到一个自身提供的参考电压。当驾驶员操作开关时,反映相应开关状态的信号线会通过开关与地线连接,车身控制电脑的信号电压由参考电压变为0V电压。

前照灯开关(S30)处于关闭位置,此时只有开关5号端子与地线6号端子闭合导通,3号、4号端子与地线处于断开状态。此时车身控制单元信号接收端的状态为:K9/X1/22为参考电压;K9/X1/11为0V;K9/X1/16为参考电压。此时车身控制单元通过三根开关信号线的不同状态得到一组"1 0 1"的二进制信号,根据内部程序的设定判断前照灯开关处于关闭位置,车身控制单元不控制任何灯点亮。

前照灯开关(S30)处于AUTO位置,此时3号、4号、5号端子均与地线处于断开状态。此时车身控制单元信号接收端的状态为:K9/X1/22为参考电压;K9/X1/11为参考电压;K9/X1/16为参考电压。此时车身控制单元通过三根开关信号线的不同状态得到一组"1 1 1"的二进制信号,根据内部程序的设定判断前照灯开关处于自动位置,车身控制单元根据车辆使用环境控制灯点亮或熄灭。

前照灯开关(S30)处于示宽灯打开位置,此时只有开关3号端子与地线6号端子闭合导通,4号、5号端子与地线处于断开状态。此时车身控制单元信号接收端的状态为:K9/X1/22为0V;K9/X1/11为参考电压;K9/X1/16为参考电压。此时车身控制单元通过三根开关信号线的不同状态得到一组"0 1 1"的二进制信号,根据内部程序的设定判断前照灯开关处于示宽灯打开位置,车身控制单元通过K9/X4/6、K9/X4/5和K9/X4/13三个端子将示宽灯和牌照灯与蓄电池电源接通,控制相应灯珠点亮。

前照灯开关(S30)处于近光灯打开位置,此时只有开关5号端子与地线6号端子断开,3号、4号端子与地线均处于导通状态。此时车身控制单元信号接收端的状态为:K9/X1/22为0V;K9/X1/11为参考电压;K9/X1/16为0V。此时车身控制单元通过三根开关信号线的不同状态得到一组"0 1 0"的二进制信号,根据内部程序的设定判断前照灯开关处于近光灯打开位置,车身控制单元通过K9/X4/1和K9/X4/2两个端子将双丝灯珠的近光与蓄电池电源接通,控制近光灯点亮。

转向信号/多功能开关(S78)处于远光灯打开位置,且已经开启近光灯。此时开关2号端子与地线3号端子处于导通状态,车身控制单元信号接收端K9/X3/11的状态由参考电压变为0V,根据内部程序的设定判断S78开关处于远光灯打开位置,车身控制单元通过K9/X5/18控制前照灯远光继电器线圈"接地",继电器负载开关"闭合",蓄电池通过继电器及熔断丝与双丝灯珠的远光部分导通,控制远光灯工作。

转向信号/多功能开关(S78)处于"变光"工作位置。此时开关4号端子与地线3号端子处于导通状态,车身控制单元信号接收端K9/X3/17的状态由参考电压变为0V,根据内部程序的设定判断S78开关处于变光开关工作位置,车身控制单元通过K9/X5/18控制前照灯远光继电器线圈"接地",继电器负载开关"闭合",蓄电池通过继电器及熔断丝与双丝灯珠的远光部分导通,控制远光灯工作。虽然都是控制远光灯工作,但"变光"功能在近光灯打开或关闭时都可实现对远光灯丝的控制,且"变光"开关是一个自动可回位的开关,当释放开关后,开关即刻回位,远光灯丝断电熄灭。

课题五　门锁控制系统电路图识读

一、雪佛兰科鲁兹门锁控制系统的工作过程

雪佛兰科鲁兹电动门锁系统包括以下部件：门锁开关、车身控制模块、驾驶员车门锁闩、乘客车门锁闩、左后门锁闩、右后门锁闩。

当门锁开关在锁止或解锁位置启动时，车身控制模块将在门锁开关锁止或解锁信号电路上接收到一个搭铁信号。车身控制模块接收到门锁开关锁止或解锁信号后，将向车门锁执行器锁止或解锁控制电路提供蓄电池电压。由于锁止执行器的对侧通过其他锁止执行器控制电路连接至搭铁，所以车门、燃油加注口门和举升门将按命令进行锁止或解锁。

1. 信号控制电路

信号控制电路如图 4-31 所示。

信号控制电路工作情况分析如下。

当门锁开关 S13D 处于解锁状态时：K9/X2/15#→S13D/3#→S13D/1#→搭铁，K9 接收到 X2/15 端子搭铁时，打开所有车门门锁。

当门锁开关 S13D 处于锁止状态时：K9/X2/19#→S13D/4#→S13D/1#→搭铁，K9 接收到 X2/19 端子搭铁时，锁止所有车门门锁。

2. 门锁执行电路

门锁执行电路如图 4-32 所示。

门锁执行控制电路工作情况分析如下。

一级解锁位置：当按下遥控钥匙一次解锁功能键，打开驾驶员侧门锁、燃油加注口门锁。

电路控制：一级解锁时，K9/X6/1# 处开关搭铁。

电路回路：

驾驶员侧：电源"＋"→K9/X6/4#→A23D/2#→A23D/3#→K9/X6/1#→搭铁。

燃油加注口门锁：电源"＋"→ K9/X6/4#→M27/1#→M27/2#→K9/X6/1#→搭铁。

二级解锁位置：当按下遥控钥匙二次解锁功能键，打开乘客侧门锁、左后门门锁、右后门门锁。

电路控制：二级解锁时，K9/X6/2# 处开关接地。

乘客侧门锁电路：电源"＋"→ K9/X6/4#→A23P/7#→A23P/8#→K9/X6/2#→搭铁。

左后车门门锁电路：电源"＋"→ K9/X6/4#→A23LR/2#→A23LR/3#→K9/X6/2#→搭铁。

右后车门门锁电路：电源"＋"→ K9/X6/4#→A23RR/7#→A23RR/8#→K9/X6/2#→搭铁。

锁止位置：当按下遥控钥匙锁止功能键，锁止驾驶员侧门锁、乘客侧门锁、左后门门锁、右后门门锁。

锁止时，K9/X6/4# 处开关接地，所有车门都锁止。

3. 行李舱锁控制电路

行李舱锁控制电路如图 4-33 所示。

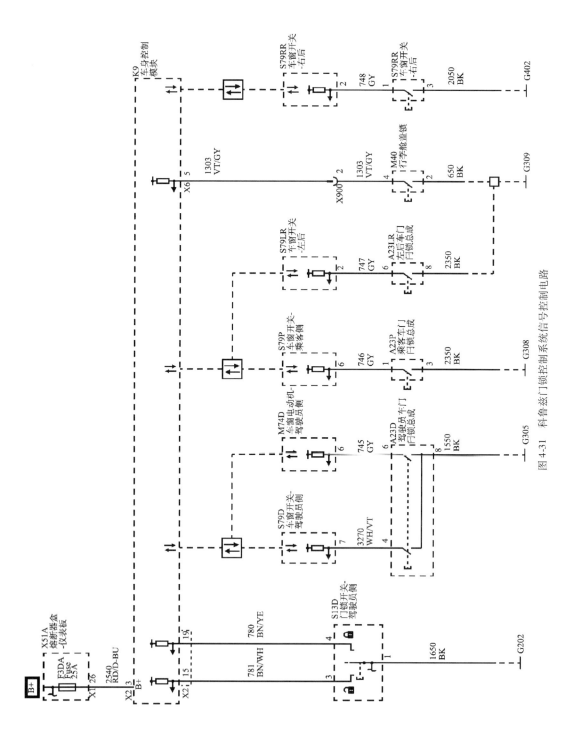

图 4-31 科鲁兹门锁控制系统信号控制电路

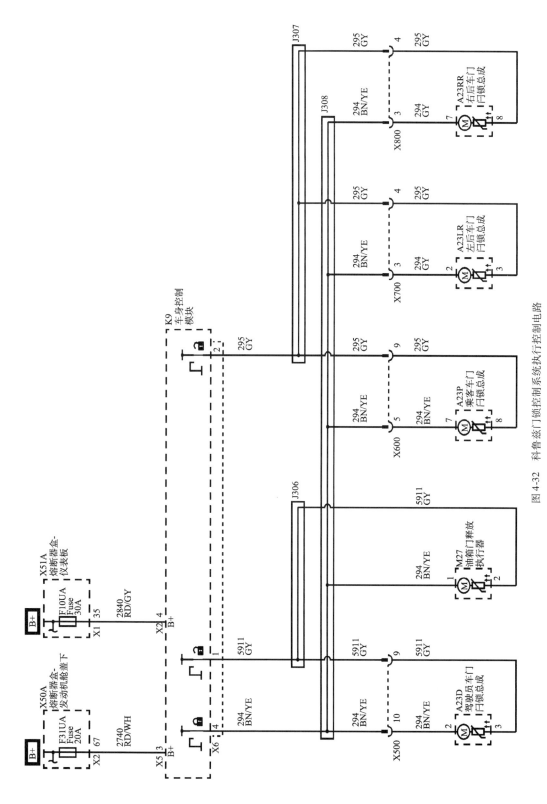

图 4-32 科鲁兹门锁控制系统执行控制电路

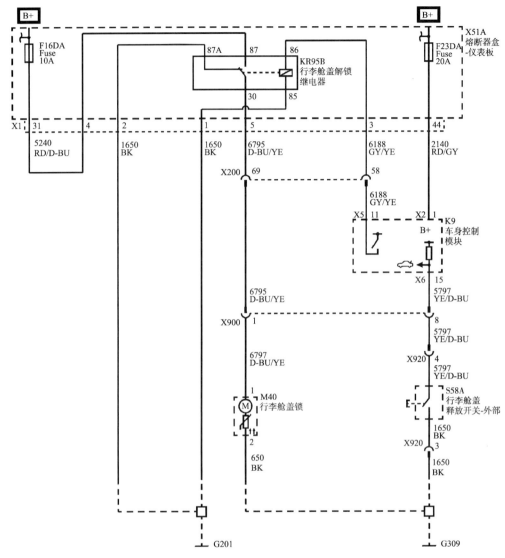

图 4-33 科鲁兹行李舱锁控制电路

行李舱电路工作情况分析如下。

行李舱打开方式有两种：遥控钥匙解锁，外部释放开关解锁。

按下遥控钥匙行李舱解锁功能键或者按下后车厢释放开关解锁功能键，车身控制模块 K9 接收到信号，闭合 K9 内部开关，K9/X5/11# 得到电源，控制继电器工作，从而控制行李舱盖锁电动机工作。

行李舱锁控制电路：电源"＋"→K9/X5/11#→KR95B/86#→KR95B/85#→搭铁。

行李舱锁执行电路：

电源"＋"→F16DA→KR95B/87#→KR95B/30#→M40/1#→M40/2#→搭铁。

二、丰田卡罗拉门锁控制系统的工作过程

门锁控制系统该系统电路主要由车身 ECU 及其电源、开关信号和门锁电动机组成。其

单元四　车辆典型系统电路图识读

工作过程是由ECU接收不同的开关信号，经计算判断后控制门锁电动机的电流方向，同时实现四个门锁电机的锁止和解锁。要理解本系统的工作过程，主要是掌握开关信号的状态改变。

1. 控制电路

电路图如图4-34～图4-36所示。

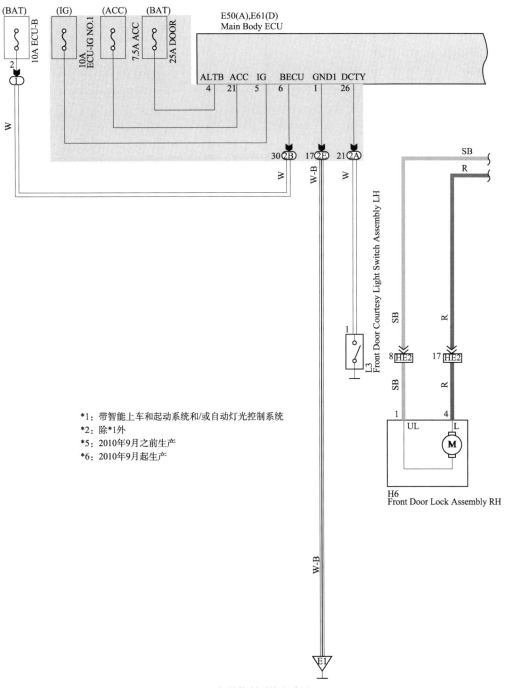

*1：带智能上车和起动系统和/或自动灯光控制系统
*2：除*1外
*5：2010年9月之前生产
*6：2010年9月起生产

图4-34　门锁控制系统电路图（一）

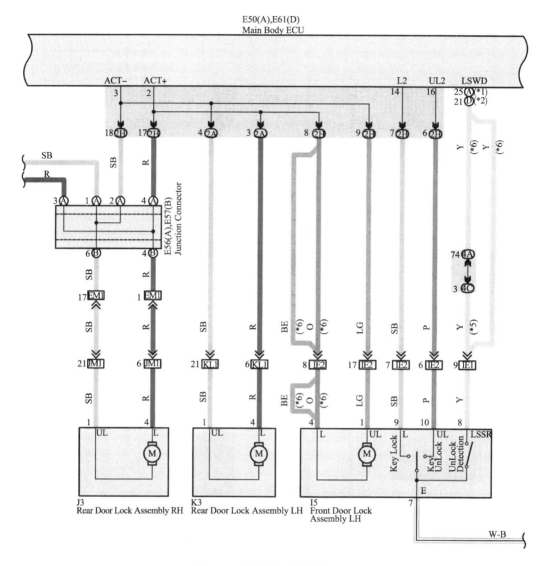

图 4-35　门锁控制系统电路图(二)

门锁控制电路工作情况分析如下。

(1)车门钥匙锁止和解锁开关工作过程。

通过查阅电路图可知 I5/7 为接地线端子，I5/9 连接至 ECU 端 E50/14，提供"锁止"信号，I5/10 连接至 E50/16，提供"解锁"信号。

常态下开关处于断开状态，如电路图符号所示，此时 ECU 端子 E50/14 和 E50/16 得到两个由 ECU 自身提供的高电位信号，系统判断驾驶员没有操纵开关，门锁电动机不做任何动作。

当驾驶员利用钥匙转动锁芯锁止车门时，I5/9 与 I5/7 接通，E50/14 端得到低电位的地线信号，而 E50/16 因对应开关维持断开，仍为高电位信号，系统判断驾驶员操纵开关"锁门"，从而控制所有门锁电动机同时工作，锁止车门。

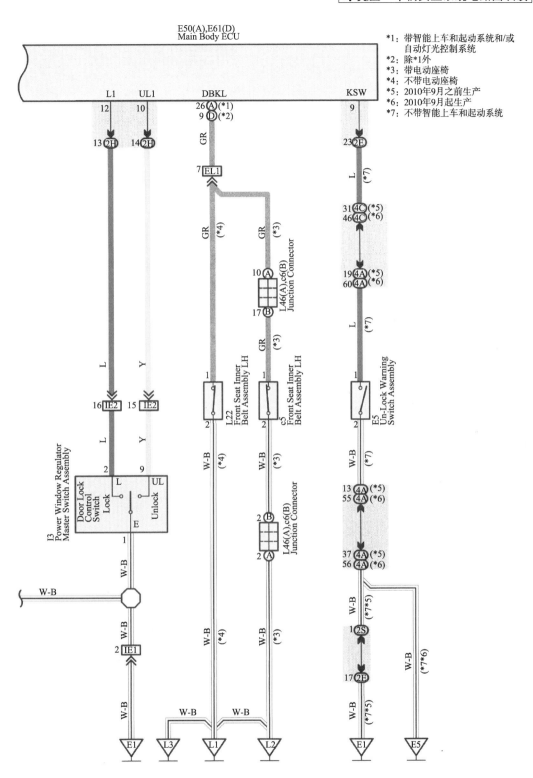

图 4-36 门锁控制系统电路图(三)

当驾驶员利用钥匙转动锁芯解锁车门时，I5/10 与 I5/7 接通，E50/16 端得到低电位的地线信号，而 E50/14 因对应开关维持断开，仍为高电位信号，系统判断驾驶员操纵开关"解锁"，从而控制所有门锁电动机同时以反向电流工作，解锁车门。

（2）门控开关工作过程。

门控开关的工作过程与车门钥匙锁止和解锁开关工作过程相同。

（3）车门解锁检测开关工作过程。

车门锁止时此开关闭合形成地线，ECU 端得到地电位信号，系统判断门锁锁止；车门解锁时此开关打开，ECU 端得到高电位信号，系统判断门锁解锁。

2. 遥控门锁控制电路

遥控门锁控制系统电路图如图 4-37 ~ 图 4-39 所示。

遥控门锁控制电路工作情况分析如下。

该系统的主车身 ECU 及其电源与门锁控制系统相同，并且共用车门解锁检测开关和门锁电动机，增加了门控灯开关电路和车门控制接收器电路。

门控灯开关在车门关闭时断开，主车身 ECU 得到对应车门的高电位信号，计算判断车门为关闭状态。相反，门控灯开关在车门打开时闭合形成地线，主车身 ECU 得到对应车门的低电位信号，计算判断车门为打开状态。

车门控制接收器利用两根信号线与主车身 ECU 通信，当接收到车门控制发射器传送的合法的"锁止"或"解锁"信号后，将信号输出给主车身 ECU，实现对门锁电动机的控制。车门控制接收器另有电源线和地线，其电源线由常电源经"10A DOME"熔断丝提供。

三、悦动汽车门锁控制电路

悦动门锁控制电路如图 4-40 和图 4-41 所示。

悦动门锁控制电路工作情况分析如下。

（1）遥控解锁电路。

当 ECU 收到遥控器解锁信号时控制 BCM 相应针脚接地，常时电源→门锁保险→解锁继电器线圈→BCM→搭铁；常时电源→门锁熔断丝→解锁继电器→相应电动机→搭铁。

（2）驾驶员车内解锁电路。

BCM 送出参考电源通过开关接地 BCM 变成低电平信号即控制解锁继电器闭合，BCM→门锁操作解锁开关→搭铁。

（3）遥控开锁电路。

当电脑收到遥控器闭锁信号时控制 BCM 相应针脚接地，常时电源→门锁熔断丝→闭锁继电器线圈→BCM 接地；常时电源→门锁熔断丝→闭锁继电器→相应电动机→搭铁。

（4）驾驶员车内闭锁电路。

BCM 送出参考电源通过开关接地 BCM 变成低电平信号即控制闭锁继电器闭合，BCM→门锁操作闭锁开关→搭铁。

（5）驾驶席侧车门锁电机工作电路。

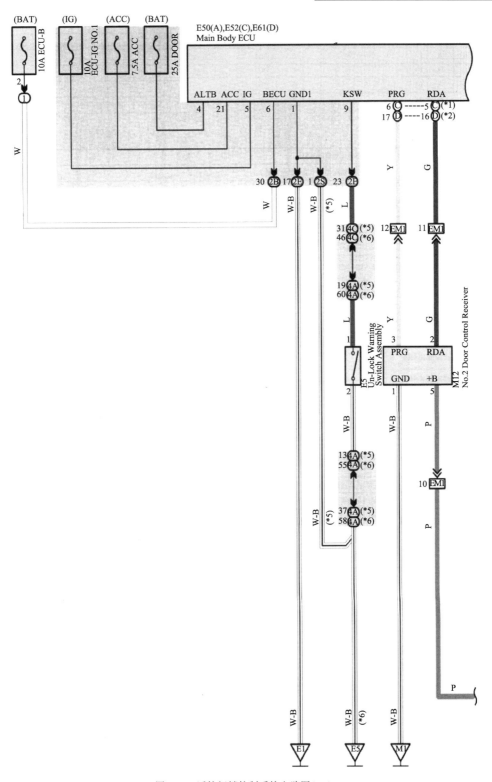

图 4-37　遥控门锁控制系统电路图(一)

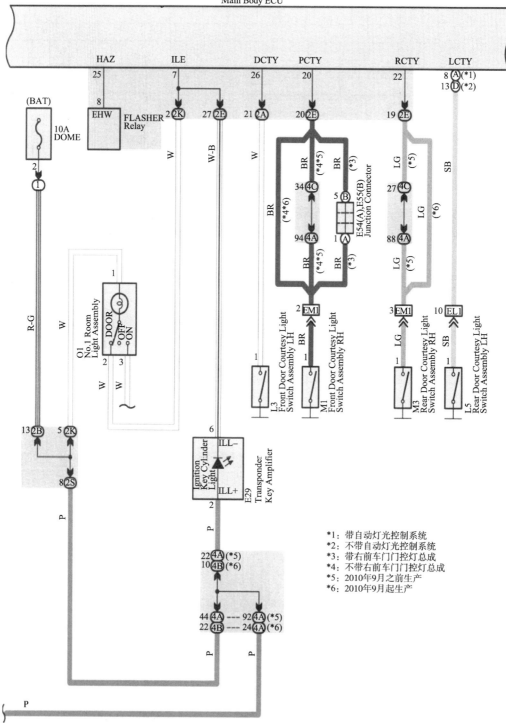

图 4-38 遥控门锁控制系统电路图(二)

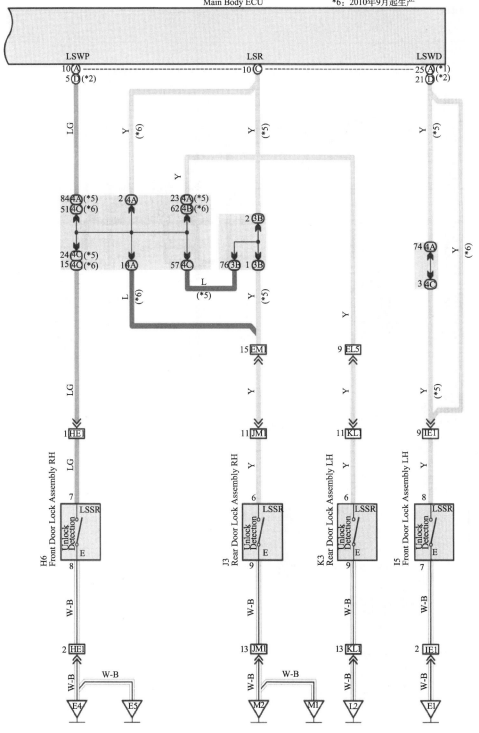

图4-39 遥控门锁控制系统电路图(三)

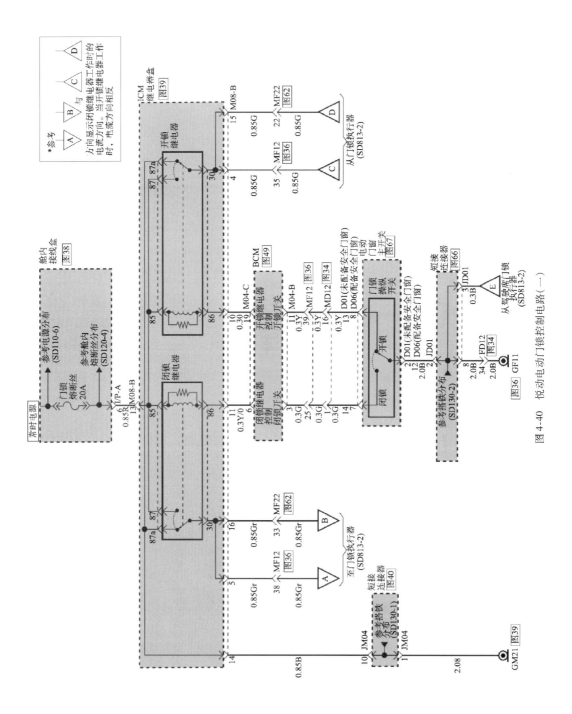

图4-40 悦动电动门锁控制电路（一）

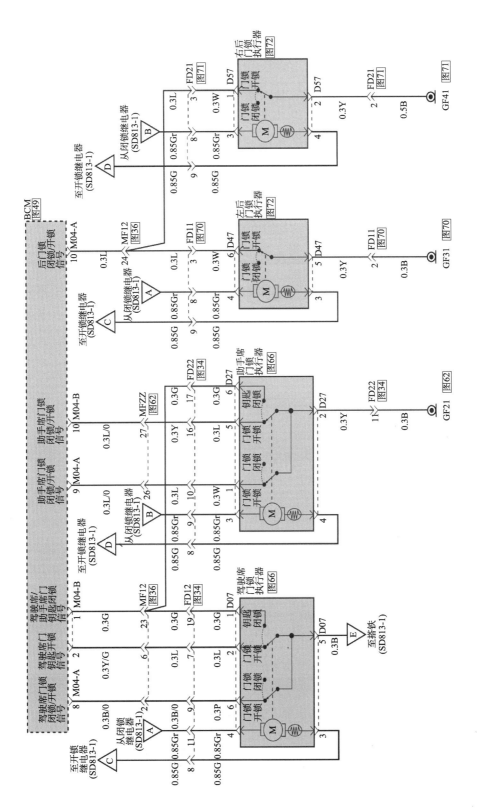

图4-41 悦动电动门锁控制电路(二)

当电动机处于解锁或闭锁任何一位置时,电动机都会通过联动功能控制门锁开关传感器和钥匙开关传感器,通过导线即时传递到BCM。使用机械钥匙解锁车辆时门锁通过机械开关打开并可以及时通过传感器告知ECM车辆已经解锁;解锁继电器→驾驶席侧门锁电动机→闭锁继电器→搭铁。

(6)助手席侧车门锁电动机工作电路。

当电动机处于解锁或闭锁任何一位置时,电动机都会通过联动功能控制门锁开关传感器和钥匙开关传感器,通过导线即时传递到BCM。使用机械钥匙解锁车辆时门锁通过机械开关打开并可以及时通过传感器告知ECM车辆已经解锁;解锁继电器→助手席侧门锁电动机→闭锁继电器→搭铁。

(7)左后侧车门锁电动机工作电路。

当电动机处于解锁或闭锁任何一位置时,电动机都会通过联动功能控制门锁开关传感器,通过导线即时传递到BCM。解锁继电器→左后侧门锁电动机→闭锁继电器→搭铁。

(8)右后侧车门锁电动机工作电路。

当电动机处于解锁或闭锁任何一位置时,电动机都会通过联动功能控制门锁开关传感器,通过导线即时传递到BCM,解锁继电器→右后侧门锁电动机→闭锁继电器→搭铁。

课题六　电动刮水器电路图识读

一、丰田卡罗拉刮水器控制电路

丰田卡罗拉刮水器控制电路如图4-42和图4-43所示。

丰田卡罗拉刮水器控制电路工作情况分析如下。

(1)MIST挡。

风窗玻璃刮水器开关处于MIST挡,前刮水器电动机转动(IG电源→WIPER熔断丝→风窗玻璃刮水器开关(E10/2)→风窗玻璃刮水器开关(E10/3)→前刮水器电动机(A11/5)→前刮水器电动机(A11/4)→搭铁)。

风窗玻璃刮水器开关处于OFF挡,前刮水器电动机回位(IG电源→WIPER熔断丝→前刮水器电动机(A11/2)→前刮水器电动机(A11/1)→风窗玻璃刮水器开关(E10/1)→风窗玻璃刮水器开关(E10/3)→前刮水器电动机(A11/5)→前刮水器电动机(A11/4)→搭铁)。

提示:前刮水器电动机开始转动后A11/2与A11/1导通,当前刮水器电动机转动到停止位置时A11/2与A11/1断开。

(2)间歇工作。

风窗玻璃刮水器开关处于INT挡,前刮水器继电器间歇闭合,前刮水器电动机转动(IG电源→WIPER熔断丝→风窗玻璃刮水器开关(E10/2)→风窗玻璃刮水器开关(E10/3)→前刮水器电动机(A11/5)→前刮水器电动机(A11/4)→搭铁)。

风窗玻璃刮水器开关处于INT挡,前刮水器电动机回位(IG电源→WIPER熔断丝→前刮水器电动机(A11/2)→前刮水器电动机(A11/1)→风窗玻璃刮水器开关(E10/1)→风窗玻璃刮水器开关(E10/3)→前刮水器电动机(A11/5)→前刮水器电动机(A11/4))。

单元四 车辆典型系统电路图识读

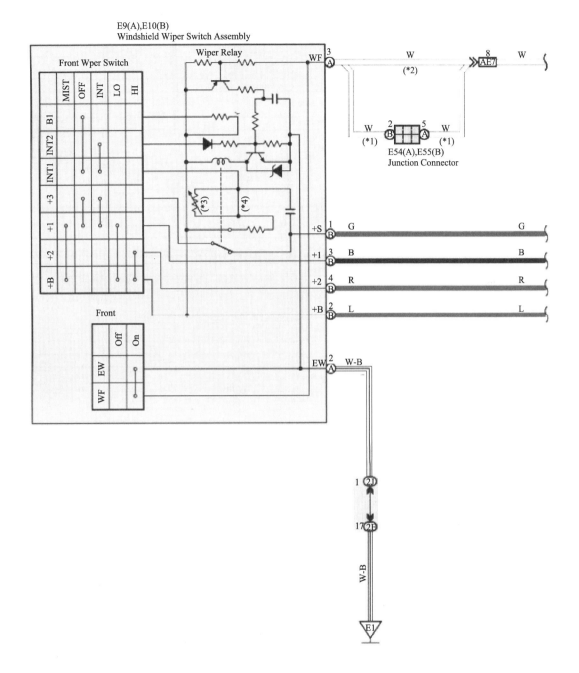

图 4-42 卡罗拉刮水器控制电路(一)

(3) 低速工作。

风窗玻璃刮水器开关处于 LO 挡,前刮水器电动机转动(IG 电源→WIPER 熔断丝→风窗玻璃刮水器开关(E10/2)→风窗玻璃刮水器开关(E10/3)→前刮水器电动机(A11/5)→前刮水器电动机(A11/4)→搭铁)。

(4) 高速工作。

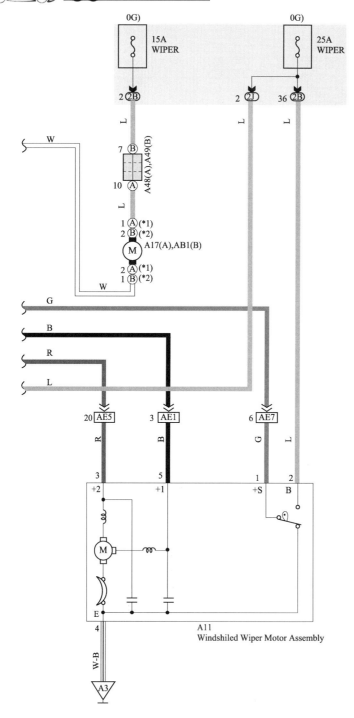

图 4-43　卡罗拉刮水器控制电路（二）

风窗玻璃刮水器开关处于 HI 挡，前刮水器电动机转动（IG 电源→WIPER 熔断丝→风窗玻璃刮水器开关（E10/2）→风窗玻璃刮水器开关（E10/4）→前刮水器电动机（A11/5）→前刮水器电动机（A11/4）→搭铁）。

(5)清洗器工作。

前清洗器开关闭合(IG 电源→WASHER 熔断丝→前清洗器电动机(A81)→风窗玻璃刮水器开关(E9/3)→前清洗器开关→风窗玻璃刮水器开关(E9/2)→搭铁)。

提示:当前清洗器开关闭合时,前刮水器继电器也将处于工作状态,前刮水器电动机也随之运转。

二、北京现代悦动刮水器控制电路

北京现代刮水器控制电路如图 4-44 所示。

刮水器控制电路工作情况分析如下。

(1)OFF 位置,当刮水器开关处于 OFF 挡时,MO2-W/9#→EM31/23#→E94/1#→E94/4#→CAG07/3#→停止开关(右侧位置)→CAG07/5#→搭铁。

OFF 位置经过刮水器内部线路到达 LO 位置→MO2-W/8#→CAG07/6#→前刮水器电动机 M→经过电路断电器→经 CAG07/5#→搭铁。

电动机两侧都属于搭铁,所以电动机处于不工作状态,刮水器不工作。

(2)INT 位置,BCM 收到间歇位置信号,控制刮水器继电器控制(MO4-C)/5#搭铁。

刮水器继电器控制电路形成回路:电源→前刮水器熔断丝→JE01/8#→JE01/7#→刮水器继电器的 5#→3#→EM31/24#→MO4-C/5#→BCM 内部搭铁。

刮水器继电器线圈通电后,开关位置发生变化,由图中 1#→4#位置转为 1#→2#位置。

此时,刮水器电动机开始工作。

电路:电源→熔断丝→JE01/8#→JE01/6#→E94/2#→E94/1#→EM31/23#→MO2-W/9#→组合开关 INT→MO2-W/8#→CAG07/6#→前刮水器电动机 M 经过电路断电器,经 CAG07/5#→搭铁。

间隙时间控制:悦动汽车的间歇时间控制原理如图,通过 MO4-B/5#→组合开关的/3#→INT 位置—间歇时间控制线圈—组合开关/2#→JM04/5#→JM04/1#→搭铁形成回路,通过旋钮改变接入电路中线圈电阻值的大小,从而改变了电路中的电流,BCM 接收到不同信号的电流值,接合 ECU 内部储存的参数,匹配相应的间歇时间。

(3)LO 位置:电源→熔断丝 25A→组合开关/12#→刮水器开关 LO 位置→组合开关 MO2-W/8#→CAG07/6#→前刮水器电动机 M,经过电路断电器,经 CAG07/5#→搭铁。刮水器电动机开始低速工作。

(4)HI 位置:电源→熔断丝 25A→组合开关/12#→刮水器开关 HI 位置→组合开关 MO2-W/14#→CAG07/4#→前刮水器电动机 M,经过电路断电器,经 CAG07/5#→搭铁。刮水器电动机开始高速工作。

低速与高速的原理区别就在于接入电路中的电阻大小,低速时,接入的电动机电阻大,电流比较小,电动机转速慢,高速时,接入的电动机电阻小,电流比较大,电动机转速快。

三、雪佛兰科鲁兹刮水器控制电路

雪佛兰科鲁兹刮水器控制电路如图 4-45 所示。

刮水器控制电路工作情况分析如下。

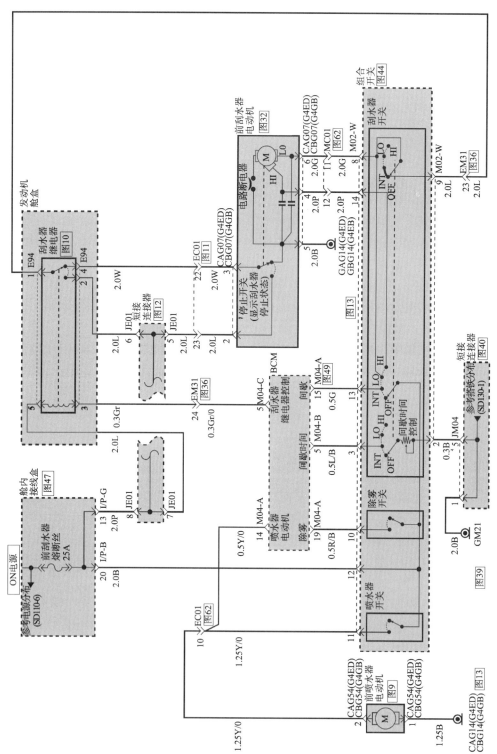

图 4-44 北京现代悦动前刮水器和喷水器控制电路

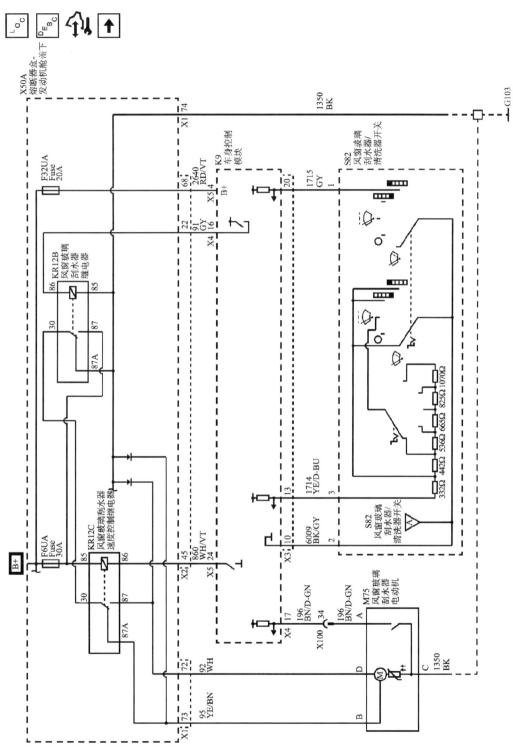

图 4-45 科鲁兹刮水器控制电路

B+电压提供至风窗玻璃车外湿度传感器。点火开关置于 ON(打开)位置或处于附件位置时,车身控制模块(BCM)使用脉宽调制(PWM)信号发送转向信号/多功能开关状态。需要进行刮水循环时,风窗玻璃车外湿度传感器向车身控制模块发送脉宽调制电压信号,启动刮水器操作。车身控制模块指令风窗玻璃刮水器电动机刮水循环。一旦风窗玻璃车外湿度传感器和车身控制模块之间出现故障,车身控制模块将利用来自处于延迟位置的转向信号/多功能开关的输入,以连续可变的延迟间隔操作风窗玻璃刮水器电动机。

车身控制模块(BCM)根据来自风窗玻璃刮水器/洗涤器开关的输入信号控制风窗玻璃刮水器电动机。车身控制模块通过两个单独的信号电路和一个搭铁电路监测刮水器/洗涤器开关。风窗玻璃刮水器开关高电平信号电路用于确定刮水器高速运行,风窗玻璃刮水器开关低电平信号电路通过使用梯形电阻用于确定低速、间歇和除雾操作,风窗玻璃洗涤器开关信号电路用于确定洗涤器运行。

车身控制模块通过两个输出控制电路控制风窗玻璃刮水器电动机,这两个电路控制两个继电器以确定刮水器达到期望的高速或低速。

车身控制模块(BCM)根据风窗玻璃刮水器/洗涤器开关的输入信号控制风窗玻璃洗涤器泵。车身控制模块通过风窗玻璃洗涤器开关信号电路监测洗涤器开关。洗涤开关闭合时,搭铁被提供至风窗玻璃洗涤器开关信号电路。发生此状况时,车身控制模块将指令风窗玻璃洗涤器泵和低速刮水器运行。

课题七 汽车空调系统控制电路图识读

一、科鲁兹手动空调系统控制电路

鼓风机电动机控制模块是暖风、通风与空调系统控制模块和鼓风机电动机之间的接口。来自暖风、通风与空调系统控制模块、蓄电池正极和搭铁电路的鼓风机电动机转速控制信号启动鼓风机电动机控制模块运转。暖风、通风与空调系统控制模块向鼓风机电动机控制模块提供脉宽调制(PWM)信号以指令鼓风机电动机转速。鼓风机电动机控制模块将脉宽调制信号转换成相应的鼓风机电动机电压。电压为 2~13V,并且线性变化至脉宽调制信号的脉冲频率。

1. 鼓风机控制电路

雪佛兰科鲁兹鼓风机控制电路如图 4-46 所示。

鼓风机控制电路工作情况分析如下。

电动机的执行电路:

电源"+"→F11DA→K8/X1/6#→K8/X2/1#→M8/A#→M8/B#→K8/X2/2#→搭铁。

鼓风机电动机的控制电路:

S34HVAC 控制开关组件发出开关指令,通过 S34/1#→K33/X2/4#LIN 线传送信号,K33HVAC 控制模块发出指令,控制 K33/X2/15#搭铁(脉宽控制),当 K8 鼓风电动机控制模块接收到搭铁信号,发出指令控制 K8/X2/2#搭铁(脉宽控制)。

2. 模式电动机控制电路

雪佛兰科鲁兹模式电动机控制电路如图 4-47 所示。

单元四 车辆典型系统电路图识读

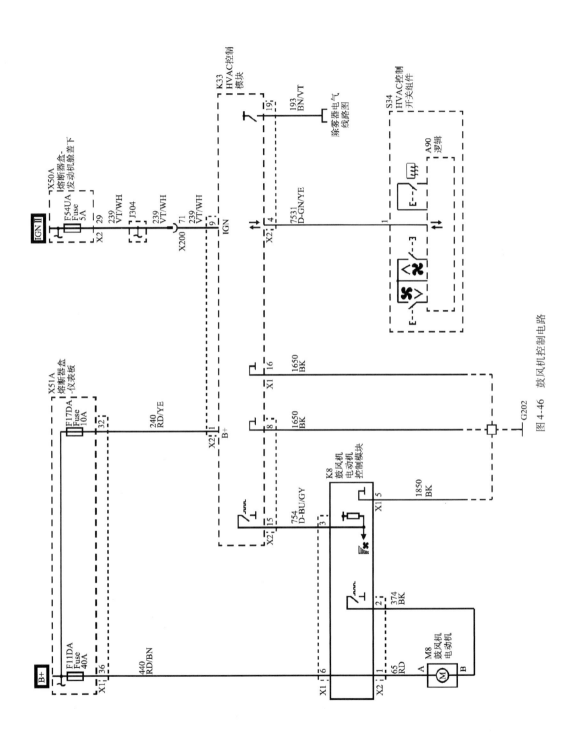

图 4-46 鼓风机控制电路

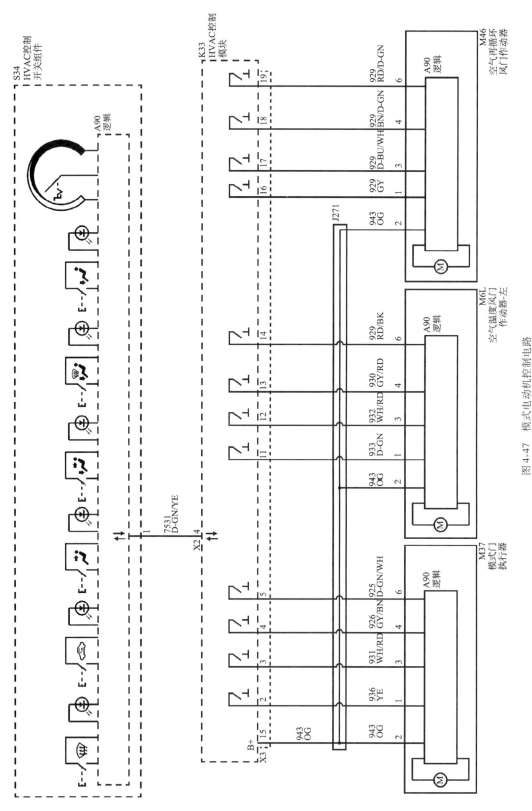

图 4-47 模式电动机控制电路

使用步进电动机调节温度、控制空气分配以及控制内循环风门。

通过暖风、通风与空调系统控制的相应开关,可以选择期望的空气温度风门位置、空气分配风门位置和内循环风门位置。所选的数值通过 LIN 总线传送到暖风、通风与空调系统控制模块。暖风、通风与空调系统控制模块向步进电动机提供 12V 参考电压,并用脉冲搭铁信号向 4 个步进电动机线圈供电。步进电动机将相应的风门移动至计算位置,以到达所选的温度/位置。

模式电动机控制电路工作情况分析如下。

模式风门执行电动机:

当 S34HVAC 控制开关发出指令,通过 S34/1#→K33/X2/4#LIN 线传送信号,K33 控制模式风门的 4 个步进电动机线圈搭铁(脉冲信号),K33/B+→M37/2#→电动机→M37/1.2.3.4#→K33/2.3.4.5#→搭铁。

温度风门执行电动机:

当 S34HVAC 控制开关发出指令,通过 S34/1#→K33/X2/4#LIN 线传送信号,K33 控制温度风门的 4 个步进电动机线圈搭铁(脉冲信号),K33/B+→M6/2#→电动机→M6/1.2.3.4#→K33/11.12.13.14#→搭铁。

空气再循环风门执行电动机:

当 S34HVAC 控制开关发出指令,通过 S34/1#→K33/X2/4#LIN 线传送信号,K33 控制空气再循环风门的 4 个步进电动机线圈搭铁(脉冲信号),K33/B+→M46/2#→电动机→M46/1.2.3.4#→K33/16.17.18.19#→搭铁。

3. 压力传感器、蒸发器温度传感器、电磁离合器控制电路

雪佛兰科鲁兹压力传感器、蒸发器温度传感器、电磁离合器控制电路如图 4-48 所示。

控制电路工作情况分析如下。

(1)空调压力传感器(B1)电路。

发动机控制模块通过空调制冷剂压力传感器来监测高压侧制冷剂压力。发动机控制模块向传感器提供 5V 参考电压和低电平参考电压。空调制冷剂压力的变化将使传送至发动机控制模块的传感器信号发生变化。当压力变高时,信号电压变高。当压力变低时,信号电压变低。当压力变高时,发动机控制模块指令冷却风扇接通。当压力过高或过低时,发动机控制模块将不允许空调压缩机运行。

(2)空调压缩机离合器电路。

按下空调开关时,暖风、通风与空调系统控制模块通过 CAN 总线将空调请求的信息发送到发动机控制模块。因此,发动机控制模块向空调压缩机离合器继电器控制电路提供搭铁,以切换空调压缩机离合器继电器的状态。继电器触点闭合后,向空调压缩机离合器提供蓄电池电压。空调压缩机离合器将启动。

空调压缩机离合器控制电路:KR75/火→KR29/85#→KR29/86#→K20/X1/4#→搭铁。

空调压缩机离合器执行电路:电源"+"→F62UA→KR29/30#→KR29/87#→Q2/A#→Q2/B#。

(3)蒸发器温度传感器电路。

蒸发器温度传感器依靠信号和低电平参考电压电路进行工作。当传感器周围的空气温度升高时,传感器电阻降低。传感器信号电压随电阻值下降而下降。

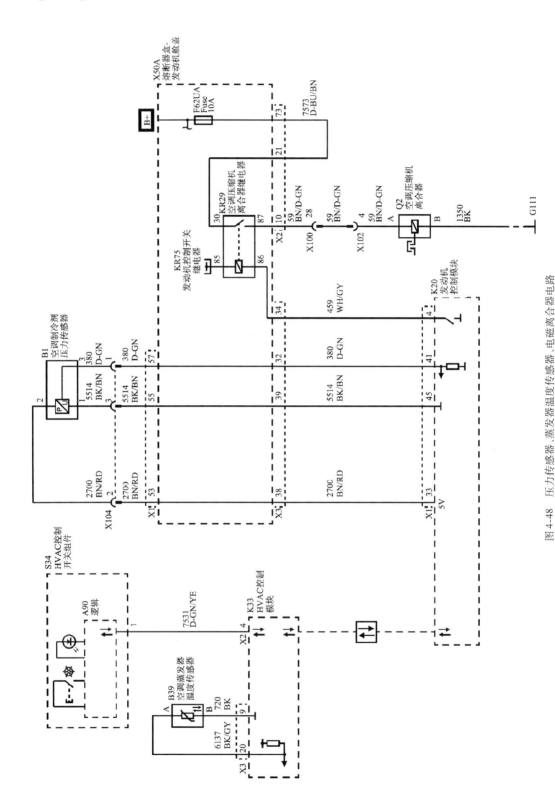

图 4-48 压力传感器、蒸发器温度传感器、电磁离合器电路

传感器在 -40 ~ +85℃(-40 ~ +185°F)的温度范围内工作。传感器信号在 0 ~ 5V 变化。空调系统控制模块将信号转换成 0 ~ 255V 范围内的计数。随着温度的升高,计数值将减小。如果空调系统控制模块检测到传感器故障,那么控制模块软件将使用默认的空气温度值。默认操作确保空调系统能够调整车内空气温度接近期望的温度值,直到故障已被排除。

发动机控制模块通过空调制冷剂压力传感器来监测高压侧制冷剂压力。发动机控制模块向传感器提供 5V 参考电压和低电平参考电压。空调制冷剂压力的变化将使传送至发动机控制模块的传感器信号发生变化。当压力变高时,信号电压变高。当压力变低时,信号电压变低。当压力变高时,发动机控制模块指令冷却风扇接通。当压力过高或过低时,发动机控制模块将不允许空调压缩机运行。

二、北京现代悦动自动空调系统控制电路

1. 鼓风机控制电路

北京现代悦动鼓风机控制电路如图 4-49 所示。

鼓风机控制电路工作情况分析如下。

打开点火开关,鼓风机继电器吸合(ON 电源→空调熔断丝→鼓风机继电器线圈→搭铁)。

旋动鼓风机开关旋钮,鼓风机根据开关相应挡位工作。常时电源→鼓风机易熔丝→鼓风机继电器→鼓风机电动机(同时送入空调控制器 M05A/11#作为 ECU 反馈)→场效应晶体管(同时送入 A/CON 开关熔断丝→空调控制器 M05A/10 作为 ECU 反馈)→场效应晶体管控制搭铁(场效应管由空调控制器通过 M05A/9 控制调速)。

2. 模式执行器电路

北京现代悦动模式执行器电路如图 4-50 所示。

模式执行器电路工作情况分析如下。

(1)温度门执行器(M43)电路。

当空调控制器接收到了温度改变信号时,M43/6#→M05-A/18 号给予一个温度的反馈信号进入空调控制器,反映对应位置的温度。通过 M05-A/17#(加热)或者 16#(制冷)给予 M43 温度门执行器电动机部分一个相对应的参考电压来控制温度的变化。

(2)内外气选择执行器(M39)。

当空调控制器接收到内外循环的切换信号时,M39-6#→M05-A 给予一个特定的电压反馈信号给到空调控制器,来判断处于内循环还是外循环状态。通过 M05-A22#(外气)或者 23#(内气)给予 M39 内外气选择执行器电动机部分一个特定的信号电压来控制内外气的切换。

(3)通风模式执行器(M51)。

当空调控制器接收到了一个需要切换出风模式的信号时,再通过 M51/6#→M05-A/21# 给空调控制器一个反馈信号,来判断空调处于什么出风模式状态。再通过 M05-A/19#或者 20#给予通风模式执行器电动机部分一个电压来判断是需要改变通风模式(19#)还是需要进行除霜功能(20#)。

3. 压缩机控制电路

北京现代悦动压缩机控制电路如图 4-51 所示。

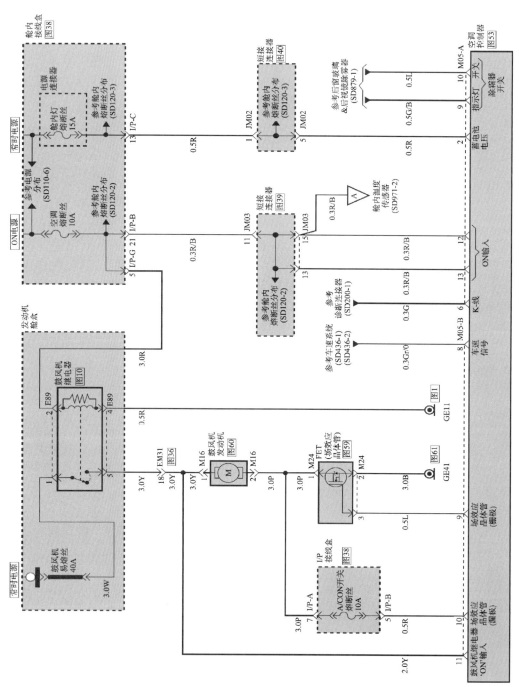

图 4-49 鼓风机控制电路

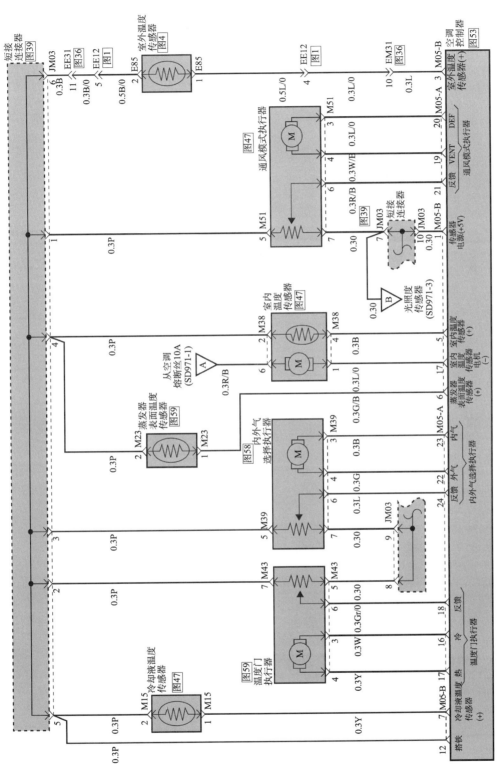

图 4-50 鼓风机和空调控制系统（自动）模式执行器电路

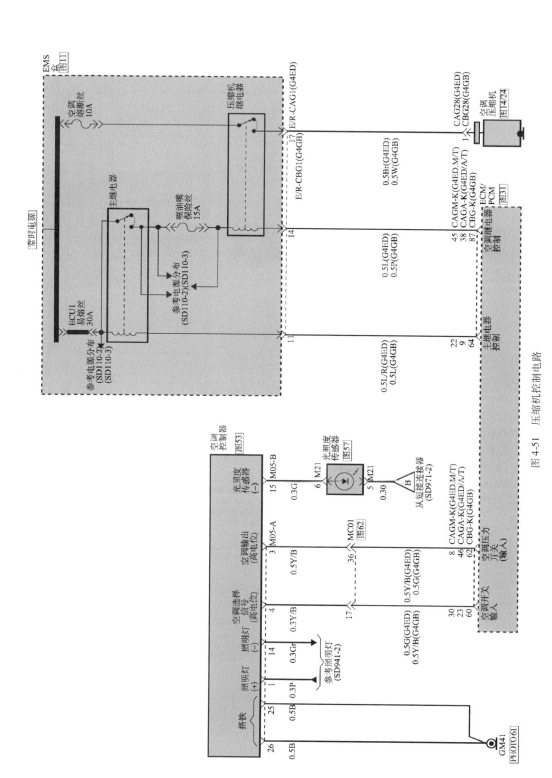

图 4-51 压缩机控制电路

压缩机控制电路工作情况分析如下。

空调控制器与ECU/PCM有两根信号通信线(M05-A/3→CBG-K/62)(M05-A/4→CBG-K/60)。如果信号丢失,ECU/PCM将无法控制空调压缩机工作。

若空调控制器搭铁线丢失,控制器将无法工作且鼓风机将常时运转无法关闭。

当ECU/PCM接收到压缩机请求信号并获得许可后及通过如下电路控制压缩机吸合。

控制部分:常时电源→ECU1易熔丝→主继电器线圈→ECU/PCM接地,常时电源→ECU1易熔丝→主继电器→喷油嘴熔断丝→压缩机继电器线圈→ECU/PCM控制搭铁。

压缩机主线路:常时电源→空调熔断丝→压缩机继电器→空调压缩机线圈→压缩机搭铁。

附表
常用汽车电气缩略词语

文字符号	缩略词语	文字符号	缩略词语
A	安培	BRN	棕色
ABS	防抱死制动系统	BRK	制动警告灯
ABRS	安全气囊保护系统	BS	倒车灯开关
ABSV	空气旁通电磁阀	BU	蜂鸣器
A/C	空调	C	电容
AC	交流电、空调	CA	曲轴转角
ACC	附件	C&M	维护修理
ACG	交流发电机	CAL	校正
A/D	模/数转换	CAP	曲轴转角位置
ADC	模/数转换器	CARB	化油器
ADECS	柴油机电子控制系统	CCrO	三元催化转换器
A/F	空燃比	CCC	计算机指令控制系统
ALU	运算器	CCT	计算机控制点火正时
ALTR	交流发电机	CU	电容放电点火系统
AM	调幅、电枢	CFI	福特汽车公司的集中喷射系统
AMP	电流表	CHG	充电指示灯
AP	压缩机、大气压力传感器	CHK	检查
AT	自动变速器	CLCC	闭环化油器控制
AUTO	自动的	COL	颜色
AUX	辅助的	COMPR	压缩机
BAT	蓄电池液量警告灯	CP	曲轴位置传感器、烛光
BATT	蓄电池	CPU	中央处理器
BEAM	前照灯远光指示灯	CR	压缩比、氯丁橡胶
BELT	安全带警告灯	CR	乳白色
BF/S	制动液面传感器	CLS	反馈控制
B/LP	倒车灯	CRT	阴极射线管
BLA	黑色	D,DOOR	车门未关警告灯
BLU	蓝色	D/A	数/模转换

附表 常用汽车电气缩略词语

续上表

文字符号	缩略词语	文字符号	缩略词语
DC	直流电	ECCS	(日)日产汽车的电子式发动机集中控制系统
DEF	去雾器开关		
DIS	无分电器点火系统	ECD	电子控制式柴油机系统电子控制装置
DR	车门开关	EIS	电子点火、晶体管点火系统
E	搭铁	ELS	电子自动调平悬架
EAS	电子控制的空气悬架系统	EMC	汽车电子装置对汽车的电磁环境适应(相容)性
EAT	电子控制的自动变速器		
ECA	电子控制装置	ERGS	电子行车路线导向系统
ECT	电子控制变速器	ESA	电子点火提前控制系统
ECU	电子控制装置	ESC	电动悬架系统、电子点火控制器
EDIC	电子式柴油喷射控制系统	ESS	发动机转速传感器
EEC	发动机电子控制装置	EXH	排气温度警告灯
EFC	电子燃油控制系统	EXP	出口
EFG	电子燃油表	EXT	外部
EGI	电子控制汽油喷射装置	F	磁场
EGR	废气再循环	FACS	全自动阻风门控制系统
EHC	电子液压控制器	F/G	燃油表
EI	电子点火、晶体管点火	FE	燃油喷射装置
EIN	发动机号码	FL	防雾灯、满负荷
EST	电子点火正时控制装置	FO	点火顺序
ELC	电子锁止离合器	FR	前方
EM	电磁的	FREQ	频率
EMF	电动势	FT	节气门全开
EMI	(车辆的)电磁波干扰	FU	闪光器
ECI	(日)三菱汽车的电子控制燃油喷射装置	F/U	燃油表传感器
ECI-Turbo	涡轮增压发动机电子控制燃油喷射装置	FUEL	燃油表
EFI	(日)丰田汽车的电子控制汽油喷射装置	F/W	燃油警告灯
EFM	(美)克莱斯勒公司的电子燃油控制系统、电子燃油计量装置	G	点火基准信号
		GB	(中国)国家标准
ECC	电子控制化油器、电子控制离合器	GM	美国通用汽车公司
		KCS	爆震控制系统
GRN	绿色	KW	千瓦
GRY	灰色	L	载荷
H/D	加热器/除霜器	LCD	液晶显示
HDAC	空调总成	LED	发光二极管
HEI	高能点火	LH	左的、左手的
HF	高频	LI	牌照灯
HI	高的	LO	低速
HL	前照灯近光		

续上表

文字符号	缩略词语	文字符号	缩略词语
H/LP	前照灯	L-R	左-右
HL/WSHR	前照灯洗涤器	LSI	大规模集成电路
HO	喇叭	Lx	勒克斯(光照度单位)
HU	前照灯远光	M	中间、中等
IC	集成电路	MAP	进气歧管绝对压力传感器、点火提前角控制脉谱图
IDIS	五十铃双燃油喷射系统		
IEC	国际电工委员会	MAT	进气歧管空气温度传感器
IIA	分电器、点火线圈一体化的点火装置	MC	微型计算机
ILL	照明	MCA	三菱汽车排气净化系统
IMIS	驾驶员综合信息系统	MEI	技术说明书
IND	指示灯	MECH	机械的
INJ	喷射	MEO	维护技术规范
INT	间隙	MFI	机械式燃油喷射装置
I/O	输入/输出	MID	中间
I/PANEl	仪表板	MIN	最小
I/PNL	仪表板	MISAR	美国通用汽车公司微机控制点火系统
ISC	怠速控制系统	MPI	多点喷射
I-TEC	(日)五十铃汽车发动机全电子控制系统	MPU	微处理机
IVR	仪表稳压器	MRN	栗色
JACV	压燃室空气喷射控制阀	MSCD	多火花电容放电系统
JASP	进气口二次空气喷射	MS System	机械电子式点火正时控制装置
KB	开关板、键盘	NAPS	(日)日产汽车排气净化系统
NL	无负荷	R	电阻
NO	号码	R/LM	随机存储器
NOx	氮氧化物	ROM	只读存储器
NPN	NPN型三极管	RDC	减少、降低
NTC	负温度系数	RDO	收音机
O/G	油压表	RE	红色、转子发动机
OIL	油压警告灯	RED	红色、减少的
ON/OFF	接通/断开	RF	车顶
ON,ONR	辛烷值	RH	右的、右手的
OPN	打开	RPM	转每分
ORG	橙色	RPS	转每秒
O/U	油压表传感器	RR	后部
OWC	单向离合器	RSB	紫红色

附表　常用汽车电气缩略词语

续上表

文字符号	缩略词语	文字符号	缩略词语
P/B	驻车制动器灯	RWD	在后部的
PC	专用计算机	S	停车灯
PCB	印刷电路板	SA	点火提前角、半自动的
PDS	程序控制驾驶系统	SAE	美国汽车工程师协会
PE	光电的、压电的、聚乙烯	SERV	维修服务
PEAK	驻车制动指示灯	SG	信号发生器、火花塞间隙、比重
PHE	可编程高能点火系统	SIL	银色
PS	电源、动力转向	SI	火花点火
Press	压力调节器	SPI	单点喷射
PROM	可编程只读存储器	ST	起动
PTC	正温度系数、正温度系数电热丝自动阻风门加热器	STD	标准
		STOP	制动信号灯
PW	脉冲宽度	SUS	悬架
P/W	电动车窗	SW	开关、短波
PNK	粉红色	SYS	系统
PNL	面板	TACHO	转速表
QOS	快速起动装置	TAL	左尾灯
TAR	右尾灯	VCS	真空控制电磁阀
TBI	美国通用汽车公司发动机集中控制系统	VFD	真空荧光显示器
TCC	液力变矩器	VIO	紫色
TCCS	（日）丰田汽车发动机的计算机控制系统	VLSI	超大规模集成电路
TCI	晶体管点火系统	VOL	容积
TCR	电阻温度系数	VOLT	电压表
TEL	电话机	VELNAS	车辆电子导航系统
TEM	丰田汽车电子调整悬架	VSS	汽车速度传感器
TEMP	冷却液温度表	VSV	电气式真空(负压)通道控制阀
T/G	冷却液温度表	W	加温
TP	节气门位置传感器	WA	洗涤电动机
TTL	晶体管-晶体管逻辑电路	WASH	洗涤器液量警告灯
TUL	左转向指示灯	WI	刮水器电动机
TUR	右转向指示灯	WDO	窗
TURN	转向指示灯	WHT	白色
TV	电视	WO	无色
TWC	三元催化系统	WPR	刮水器
UCL	控制上限	WT	警告标志
UNIVAC	通用电子计算机	YEL	黄色
VAC	真空度警告灯	ZP	零电势、零电位

参 考 文 献

[1] 崔淑丽.汽车电路识图[M].北京:人民交通出版社,2002.
[2] 叶录京.汽车电工识图[M].2版.北京:中国劳动社会保障出版社,2004.
[3] 李春明.汽车电路读图速成[M].北京:北京理工大学出版社,2003.
[4] 蔡伟维.轻便客货两用汽车故障检修图解[M].成都:四川科学技术出版社,2004.
[5] 陆涛.斯太尔重型载货汽车维修手册[M].北京:金盾出版社,2004.
[6] 邵恩坡,吴政清.怎样读汽车电路图[M].北京:中国电力出版社,2005.
[7] 陈渝光.汽车电器与电子设备[M].北京:机械工业出版社,2002.
[8] 王运朋,叶恒秩.丰田汽车电路图[M].广州:广东科技出版社,2000.
[9] 汪立亮,周志斌.广州本田雅阁轿车电系故障检测与维修[M].北京:人民交通出版社,2001.
[10] 孙余凯,项绮明.汽车电器识图技巧[M].北京:人民邮电出版社,2003.